Allegria

Die Autorin

Sandra Ingerman ist eine der weltweit bekanntesten schamanischen Lehrerinnen, deren Bücher inzwischen zu den Klassikern der therapeutischen Anwendung des Schamanismus gehören. Die ausgebildete Ehe- und Familientherapeutin war enge Mitarbeiterin von Prof. Michael Harner und gibt weltweit schamanische Workshops und Seminare. Ihre erfolgreichen Bücher werden in unserm Programm neu aufgelegt. Informationen zur Autorin und ihrer Arbeit finden sie unter *www.shamanicvisions.com/ingerman.html*

Von Sandra Ingerman sind in unserem Hause erschienen:

Auf der Suche nach der verlorenen Seele
Heimkehr der Seele
Heilung für Mutter Erde
Heimkehr ins Leben

Sandra Ingerman

Heimkehr ins Leben

Eine schamanische Einweihungsgeschichte

Aus dem Amerikanischen
von Elisabeth Liebl

Ullstein

Besuchen Sie uns im Internet:
www.ullstein-taschenbuch.de

Allegria im Ullstein Taschenbuch
Herausgegeben von Michael Görden

Aus dem Amerikanischen von Elisabeth Liebl
Titel der Originalausgabe
A FALL TO GRACE
Erschienen bei Moon Tree Rising Productions, Santa Fe, NM

Umwelthinweis
Dieses Buch wurde auf chlor- und säurefreiem Papier gedruckt.

Ullstein ist ein Verlag der Ullstein Buchverlage GmbH, Berlin
Neuausgabe
1. Auflage Mai 2008

Umschlaggestaltung: FranklDesign, München
Titelabbildung: www.artshivananda.com
Satz: Pinkuin Satz und Datentechnik, Berlin
Druck und Bindearbeiten: GGP Media GmbH, Pößneck
Printed in Germany
ISBN 978-3-548-74423-0

Für Woods,
meine wahre Liebe

»Ich freue mich, dass du dich zu dieser spirituellen Reise entschlossen hast.« Die Worte klangen in meinem Bewusstsein nach, als würden sie von den Wänden eines Cañons widerhallen. Langsam verebbten sie im Ungewissen.

Jetzt erst sehe ich, wo ich bin. Ich liege in einem bequemen Bett. Das Krankenzimmer ist hell und freundlich, aber fremd. Von der Tapete an der Wand leuchten strahlende Pfirsiche auf einem saftigen Grün. Sanfte Töne dringen von irgendwoher in den Raum und stimmen mich friedlich. Auch das Licht ist weich und angenehm. Am Fenster stehen Topfpflanzen mit runden, süß duftenden Blütenkelchen.

»Wo bin ich?«, frage ich mich. »Bin ich etwa tot? Und ist das der Himmel?«

Aus den Augenwinkeln sehe ich zu meiner Linken ein großes, schlankes Wesen, das mit graziösen Bewegungen auf mich zukommt. Beim Näherkommen kann ich sein Gesicht erkennen. Es hat etwas Androgynes und lächelt mitfühlend.

Das Wesen tritt an mein Bett und begrüßt mich in melodiösem Singsang: »Willkommen!« Dann, als ob es meine nächste Frage vorausgeahnt hätte, beginnt es zu sprechen: »Deine Zeit ist noch nicht gekommen. Daher wurdest du in eine Realität geschickt, die deinem spirituellen Wachstum förderlich ist.«

Ich versuchte, mir die letzten Monate wieder ins Gedächtnis zu rufen … Mein Leben war in letzter Zeit schwieriger gewesen als sonst. Die Arbeit laugte mich aus. Ich wusste nicht recht, wie es beruflich weitergehen sollte. Ich war es müde, der Welt meinen Stempel aufzudrücken, und fühlte mich einsam und isoliert. Ich fasste den Entschluss, mich einmal gründlich durchchecken zu lassen. Vielleicht hatte mich ja eines dieser geheimnisvollen

Viren erwischt, die den Menschen jede Energie und jeden Lebenswillen rauben, wenn sie sie befallen. Ich erinnere mich noch an den ungläubigen Schrecken, mit dem ich die medizinische Diagnose aufnahm: ein Tumor in der Gebärmutterwand. Ich hatte nie geglaubt, dass ich Krebs bekommen könnte. Krebs – das war etwas für die anderen. Ich war stolz auf meine robuste Konstitution und hatte hart daran gearbeitet, ein Leben in spiritueller Harmonie zu führen.

Doch ich war von meinem inneren Weg abgekommen. Die Anforderungen des täglichen Lebens, die Anstrengung, ein Erwachsener in der »realen« Welt zu sein, hatten mich völlig in Beschlag genommen. Doch was war denn nun die »reale« Welt? Wohl kaum das, was die Massenmedien uns täglich als »wirklich« verkauften. Ich arbeitete in einem Büro, in dem auch tagsüber grelles Neonlicht brannte, ein Ort, an dem von der Person, die ich im Innersten zu sein meinte, nichts zu spüren war. Da der Raum keine Fenster hatte, musste ich auf die Uhr sehen, wenn ich wissen wollte, wie spät es war, ob ich Hunger hatte oder müde war. Ich sehnte mich ständig nach Sonne und einem Stück blauem Himmel. Ich vermisste die Verbindung zur Natur, zu meinem Körper und zum Leben selbst.

Ich glaube, dieser Krebs ist eine Art Weckruf. Was werde ich bedauern, wenn ich morgen sterben muss? Wie hätte ich stattdessen mein Leben gestalten sollen? Würde ich eine zweite Chance erhalten? Oder würde ich dem Tod mit dem Gefühl gegenübertreten müssen, etwas versäumt zu haben?

Der Operationstermin wurde noch auf denselben Tag gelegt. Ich sagte meine Gebete an den Schöpfer und wurde auf einer Bahre in den Operationssaal geschoben. Dort gab man mir ein leichtes Beruhigungsmittel, worauf alles um mich herum zu verschwimmen begann. Was für eine sterile Umgebung! Wie sollte man hier gesund werden?

Um mich herum standen Menschen in grünen Kitteln und mit grünem Mundschutz. Wer sie wohl waren? Hatten sie ein persönliches Interesse an meinem Wohlergehen? Wussten sie überhaupt, wer ich war?

Ein Mann sagte mit monotoner Stimme, dass er mir nun eine Maske aufsetzen würde, über die ich das Betäubungsmittel einatmen würde. Er befahl mir, von hundert rückwärts zu zählen.

Dann erinnere ich mich nur noch daran, in einer fließenden Bewegung meinen Körper verlassen zu haben. Das war eine wirklich spannende Erfahrung! Ein Teil meines Bewusstseins beobachtete meinen Körper von der Decke des Raumes herab, ohne jede Sorge um das physische Ich. Ich hatte über diese außerkörperlichen Erfahrungen, bei denen die Seele den Körper verlässt, bereits gelesen. Die Bücher hatten Recht: Der Geist ist emotional nicht an den Körper gebunden. Der Körper ist nicht mehr als ein Gefäß, das den Geist von Ort zu Ort trägt. Hätte ich dieses Gefäß nur etwas besser gepflegt. Wie viele Erfahrungen hatte ich verpasst, nur weil ich meinen Körper nicht mit meinem Geist schwingen ließ!

Während das Zentrum meines bewussten Seins sich außerhalb meines Körpers befand, richtete ich meine Aufmerksamkeit auf die grün gekleideten Fremden, die hart zu arbeiten schienen. Sie sahen müde aus, sie schienen keine Lebenskraft mehr zu haben. Und dies sollten die Heiler unserer Zeit sein? Wenn ja, dann musste ich meine Vorstellungen vom Heilen noch einmal überdenken.

Als ich so über die Szene nachdachte, die sich da unter mir abspielte, spürte ich plötzlich eine Erschütterung. Und der Raum begann tatsächlich zu schwanken. Die Ärzte und OP-Schwestern taumelten hin und her. Ich konnte die sich ausbreitende Panik förmlich riechen. Schreie hallten durch die Luft. Die Lichter tanzten um mich herum. Sterilisierte Instrumente flogen durch die Luft und bohrten sich in die Wände. Ein schweres Erdbeben erschütterte die Klinik, in der mein Körper gerade operiert wurde, damit ich wieder »gesund« werden würde.

Was, so fragte ich mich, sollte ich jetzt tun? Wenn ich in den Körper zurückkehrte, würde ich mit ziemlicher Sicherheit sterben. Die Anästhesiemaske lag immer noch auf meinem Mund, aber ich wusste nicht, wie lange sie noch funktionieren würde und ob am Ende noch jemand da sein würde, um mir zu helfen.

Als ich so meine Chancen abwog, spürte ich auf einmal, wie meine Seele magnetisch angezogen wurde. In einer spiralförmigen Bewegung trieb ich in den Raum hinaus, in eine tiefe, schwarze Leere. »Das muss der Ort sein, an dem alles beginnt«, überlegte ich. Ich schoss wie ein Blitz durch den leeren Raum und begann, das Summen des Universums wahrzunehmen – das Lied des Lebens. Dann blitzten plötzlich Farben in meiner Seele auf ... Gesichter ... und ein Gefühl des Wohlseins überkam mich. »Alles ist gut so, wie es ist«, sagte ich mir.

Mein tiefes Vertrauen in das Leben ermöglichte es mir, das, was ich als Gefühl der Ekstase beschreiben kann, zu genießen. Ich war Teil des Lebens. Ich hatte die Verbindung zur ursprünglichen Quelle wieder gefunden, und es war mir völlig egal, was weiter mit mir geschehen würde. Ich war genau dort, wo ich sein sollte. Damit riss die Erinnerung wieder ab.

Ich blicke hinauf in das liebevolle, mitfühlende Gesicht meines Begleiters, der leise vor sich hin singt: »Dies ist der Beginn einer neuen Reise.« Dann falle ich in einen tiefen Schlaf, aus dem sich ein Traum erhebt. Ich schwebe über meinem Körper, fühle mich sicher und umsorgt. Ich kehre in die Dunkelheit der Leere zurück und sehe ganz weit weg eine Figur, von der ich mich angezogen fühle. Ich bewege mich dorthin und entdecke vor dem Schwarz um mich herum eine in Mitternachtsblau gekleidete Frau. Ihre mitfühlende Energie unterscheidet sich von der meines Begleiters. Sie strahlt nicht nur Liebe und Mitgefühl aus, sondern will von mir auch etwas wissen. Woher ich das weiß? Ich kann es nicht sagen. Ich scheine eine Art Wissen in mir »angezapft« zu haben, einen Teil meiner selbst, der normalerweise schwer zugänglich ist. Mein analytischer Verstand wischte bisher immer, wenn ich etwas »einfach wusste«, die so gewonnenen Einsichten wieder vom Tisch.

Die Frau kommt näher und sagt zu mir: »Du musst dir vertrauen.«

»Mir vertrauen? Was für ein merkwürdiges Ansinnen«, sage ich im Stillen zu mir. Laut antworte ich: »Was meinst du damit?«

»Du hast dich gerade gefragt, weshalb du so selten etwas ›einfach weißt‹, nicht wahr?«

Diese Figur in der langen Robe liest meine Gedanken! Entsetzt frage ich sie: »Wer bist du?«

»Ich bin eine Lehrerin aus einer anderen Welt, in die du einen Hilferuf gesandt hast. Du brauchst Unterstützung für den nächsten Teil deiner Reise. Ich werde dir mehr sagen, sobald du dafür bereit bist. Jetzt aber sprechen wir von dir.

Du musst lernen, dir selbst zu vertrauen. Diese Erfahrung des Wissens kommt tief aus dir selbst, aus dem Teil deiner Persönlichkeit, den wir ›Geist‹ nennen. Dies ist der allwissende, unsterbliche Teil deines Selbst. Er reicht über dein Ich, deine Persönlichkeit und deine Kultur weit hinaus. Dein Geist ist die Wahrheit – das, was du wirklich bist. Alles andere ist nur eine äußere Hülle, mit der du dein wahres Selbst verdeckst.

Auch wenn ›du‹ stirbst, lebt dein Geist weiter. Daher wird von Unglücksfällen auch nur das Ich betroffen, das glaubt, dass es von allem getrennt existiert, und darum Verluste für möglich hält. Und von einem persönlichen und emotionalen Standpunkt aus gesehen ist dies auch richtig. Doch du musst erkennen, dass *du* niemals verloren gehen kannst.

Es ist also wichtig, dass du dir vertraust. Je mehr Vertrauen du entwickelst, umso mehr Wissen wird dir zuteil werden – und umso mehr wird deine Persönlichkeit sich entwirren, bis sie am Ende die strahlende Schönheit deines wahren Selbst enthüllt.«

Ich lasse diese Worte langsam in mich hineinsickern. Mir ist klar, dass in diesen Worten eine unumstößliche Wahrheit liegt. Soll ich sie bitten fortzufahren oder lasse ich mich lieber weiter treiben? Diese Frage beantwortet sich von selbst, weil ich erkenne, dass ihre Worte in mir eine Tür aufgestoßen haben. Auch wenn sie erst einen Spalt offen ist, so genügt dies doch, um mich völlig ins Unbekannte hinauszuziehen.

Ängstlich sage ich: »Ich spüre, dass das, was du sagst, wahr ist. Aber ich habe Angst. Kannst du mir helfen?«

»Deine Angst ist die Furcht vor Verlusten. Doch es gibt nichts zu verlieren. Dein *Selbst* wird immer bei dir sein. Betrachte das Leben als Abenteuer. Erst wenn du erkannt hast, dass es nichts zu verlieren gibt, kannst du dich ihm voll hingeben. Und aus dieser Hingabe entstehen Schönheit und Fülle. Dein Ich, das heißt deine Persönlichkeit, wird die Macht über dich verlieren.

Das Wesen, das du im Moment der Welt zeigst, spiegelt nur das wider, was deine Eltern, Freunde und die Gesellschaft gerne von dir hätten. So bist du nicht wirklich. Sobald du dich auf dein Abenteuer eingelassen hast, wird der Same, der als dein Selbst in die Welt kam, zu sprießen beginnen, bis er schließlich die Blüte hervorbringt, die dir zugedacht ist.«

Was diese außergewöhnliche Frau mir sagt, leuchtet mir ein. Wenn ich mir meine Kindheit ins Gedächtnis rufe, so kann ich mich sehr wohl an Momente erinnern, in denen mein Bewusstsein nicht so eng war wie heute. Ich liebte die Natur und wollte unbedingt ein Leben führen, das die Grenzen der gewöhnlichen Wahrnehmung hinter sich ließ. Doch diese »Phantasie«-Welt, in der es mir so gefiel, musste bald der »realen« Welt weichen. Und je stärker sie zurückwich, umso mehr ging mir mein Sinn für das Wunder verloren. Die Farben, die ich im Geist wahrnahm, wurden stumpf. Ein Teil von mir starb und mit ihm die Verbindung zu den entsprechenden Bereichen der Welt. Schließlich war buchstäblich nur noch das übrig, was ich um mich herum sehen konnte. Ich lernte meinen Platz in einer Welt einzunehmen, die in den Augen des Kindes keinerlei Bedeutung hatte. Und als dies geschah, ging meine Beziehung zur Schönheit verloren.

Ich weiß, dass ich den Weg zu den magischen Orten meiner Kindheit wieder finden muss, auch wenn es nicht mehr angemessen ist, dort all meine Zeit zu verbringen. Wie aber kann ich diese Erinnerungen mit meinem Alltag verbinden?

Ich bitte meine Lehrerin, mir bei diesem Problem zu helfen.

Sie antwortet: »Du folgst einfach dem Pfad deiner Seele. Ja, du hast dich selbst verloren, aber auch dies ist Teil des Lernprozesses. Du wärst gar nicht hier, wenn du nicht bereits bestimmte Lebenserfahrungen gemacht hättest, aus denen du schöpfen kannst.

Nun hat deine Seele dich zu mir geführt. Du wirst bald auf noch andere weise und mächtige Wesen treffen, die dich lehren werden, das Magische in dein Leben zurückzuholen. Beurteile sie nicht nach ihrer Erscheinung, denn jedes dieser Wesen hält eine ganz bestimmte Lektion für dich bereit. Liebe und Wahrheit aus Bereichen anzunehmen, die über die gewöhnliche Wahrnehmung hinausgehen, gehört mit zu deinem Abenteuer.«

Obwohl ihre Antwort durchaus befriedigend ist, spüre ich, dass ich noch mehr wissen möchte ... und dass ich traurig bin. Mir ist, als sollte mein Herz gleich zerspringen. Das sage ich meiner Führerin.

Sie meint, ich solle bei dem Gefühl bleiben und es zu seinem Ursprung zurückverfolgen.

Ich setze mich. Die Finsternis, die mich umgibt, spiegelt meine innere Dunkelheit wider. Doch diese Finsternis um mich herum ist ausgesprochen lebendig, und so erfüllt mich die innere Nacht meiner Trauer mit Leben.

Ich atme in den Schmerz meines Herzens hinein, was mich ungeheure Anstrengung kostet. Allein zu leben, das scheint schon sehr viel Kraft zu brauchen. Ich verliere mich in diesem Gefühl. Doch während ich mich dieser Energie, die meinen Körper durchströmt, noch hingebe, wird mir plötzlich klar: Ich muss mich von dem Gefühl lösen, um seinen Ursprung entdecken zu können.

Als ich mich von meinem Schmerz verabschiede, merke ich, dass die Liebe und Fürsorge, die ich jetzt empfinde, für mich etwas völlig Neues sind. Bisher wurde mein Herz noch von keinem anderen Herzen berührt. Ich habe mein Innerstes noch nie jemandem gezeigt. Dieser Mangel an Liebe ist die Wurzel meiner Traurigkeit. Daher schwöre ich mir, dass ich niemals in ein Leben zurückkehren werde, das mich innerlich unberührt lässt.

Meine Lehrerin legt ihre Hand auf meine Hände, während sie mir mit der anderen Hand über das lange, dunkle Haar streicht. Woher weiß sie, dass diese Berührung mich zutiefst tröstet?

»Du hast nun den ersten Schritt in ein völlig neues Abenteuer getan«, sagt sie. »Vertrau darauf, dass man dir den Weg zeigen wird. Gib dich dem Universum hin. Du bist stark genug, um zu überleben, aber das ist längst nicht alles. Du wirst lernen, dein gesamtes Potential auszuleben. Formuliere dies als Absicht zu Beginn deiner Reise.«

»Werde ich dich wieder sehen?«, frage ich sie.

»O ja«, gibt sie zurück. »So leicht wirst du mich nicht los. Ich bin sogar da, wenn du mich nicht sehen kannst. Und von Zeit zu Zeit werden wir einen kleinen Plausch halten.«

»Wo bin ich denn eigentlich? Ist dies ein anderer Planet? Träume ich all das nur?«

»Dir mag diese Frage einfach scheinen, tatsächlich ist sie nicht leicht zu beantworten«, antwortet meine Lehrerin. »Was ist Wirklichkeit schon? Und was der Traum? Wo sind wir, wenn wir eine Reise in unsere Phantasie machen? Und wo befinden wir uns, wenn wir zur Arbeit gehen?

Die Antwort auf all diese Fragen ist, dass ›innen‹ und ›außen‹ genau dasselbe ist. Für den Augenblick solltest du dir darüber nicht den Kopf zerbrechen. Später wirst du alles verstehen. Gib dich einfach nur deinen Erfahrungen hin. Dir werden allerlei Versuchungen begegnen, die dich davon abhalten sollen, deine kommende Reise mit deinem ganzen Sein zu erleben. Geh diesen Anfechtungen aus dem Weg und bleib in deiner Mitte. *Lass dich nicht aus deinem Zentrum ziehen*. Jetzt muss ich dich verlassen, damit du deine Reise beginnen kannst.«

Und wieder bewege ich mich durch den Raum. Ich würde mich ja gern ganz meinen Erfahrungen hingeben, wie es mir meine Lehrerin geraten hat, aber mir gehen einfach zu viele Fragen durch den Kopf, auf die ich eine Antwort finden möchte: Wo bin ich? Was ist mit meinem Körper im Operationssaal geschehen? Werde ich jemals in die »reale« Welt zurückkehren? Wenn ja, wann wird das geschehen?

Mein Verstand plappert unaufhörlich vor sich hin. Durch den Gedankenwust in meinem Kopf dringt leise eine Stimme: »Dir werden allerlei Versuchungen begegnen, die dich davon abhalten wollen, deine Erfahrungen ganz zu leben. *Lass dich nicht aus deiner Mitte herausziehen*.«

»Mein Verstand war für mich immer ein unglaubliches Ablenkungsinstrument«, sage ich zu mir.

»So ist es!«, da ist plötzlich eine Stimme zu vernehmen.

Meine Umgebung hat sich verändert, stelle ich fest. Ich befinde mich nun auf einer großen, weißen Wolke. Woher die Stimme kommt, kann ich nicht ausmachen. Alles, was ich sehen kann, ist ein tiefblauer Himmel, der mit weißen Wolken übersät ist. Mir fällt ein, wie ich als Kind einmal auf einer Wiese saß und einen Teil von mir hinauf zu den Wolken sandte. Wie beruhigend es war, mit ihnen zu reisen. Auch jetzt fühle ich mich ruhig und zufrieden.

In der nächsten Sekunde finde ich mich in einem Klassenzimmer wieder. Rundherum stehen hölzerne Bänke, wie wir sie in der Grundschule hatten. Ein Mann steht mit dem Rücken zu mir an der Tafel und schreibt etwas, was ich nicht verstehe. Er trägt einen kastanienbraunen Mantel. Als er sich schließlich umdreht, sehe ich, dass seine Stirn tiefe Furchen hat. Mit dem langen, dünnen, weißen Haar ist er eine Verkörperung des weisen Mannes. Ich frage mich, was er für mich wohl bereithalten mag.

»Nun, meine Schüler«, sagt er. »Lasst uns anfangen.«

Ich sehe mich im Klassenzimmer um und entdecke, dass ich die einzige Schülerin bin. Trotzdem spricht er mit einer Stimme, als müsste er Hunderte von Studenten in einem riesigen Hörsaal mitreißen.

»Lass deine Grenzen hinter dir!«, ruft er plötzlich laut aus und erschreckt mich damit fast zu Tode.

In diesem Augenblick zieht es mir buchstäblich den Boden unter den Füßen weg. Ich verliere jede Kontrolle und stürze durch einen Tunnel nach unten. Das geht so schnell, dass ich nicht einmal Zeit habe, mich zu fragen, ob ich diesen Sturz überleben werde. Im Fallen reiße ich Wurzeln und Blätter mit. Meine Haut atmet die dunkle, wohltuende Erde in meine Mitte hinein, während ich dem Pfeifen des Windes lausche, das den Tunnel durchzieht: »Lass los!«

Schließlich falle ich in eine Welt, die der, aus der ich komme, so gar nicht ähnelt. Dort scheint alles in der Luft zu schweben. Was nun vor mir liegt, ist ein wunderschöner Wald.

Dies könnte durchaus einer der Orte sein, die ich in der alltäglichen Wirklichkeit besucht habe. Und trotzdem ist er anders! Inwiefern anders? Nun, er ist zwar genauso grün wie die Wälder, die ich bisher erlebt habe, doch hier sprüht alles nur so vor Leben. Ich habe nie geglaubt, dass es eine Aura gibt, und mich immer über die Anhänger dieser in meinen Augen seltsamen Vorstellung lustig gemacht. Und jetzt stehe ich Bäumen gegenüber, die zweifellos eine Aura haben. Die Energie, die sie umgibt, leuchtet so strahlend, dass sie fast wie ein sichtbarer Mantel erscheint. Wenn ich diese Energie in mich aufnähme, würde ich anfangen, wie ein Kristall zu leuchten.

Ich klopfe mir zuerst einmal den Schmutz aus den Kleidern. Auf meinem Gesicht und meinen Händen liegen winzige Erdkrumen. Ich drehe mich um, um nach etwas zu suchen, womit ich mich ein wenig säubern kann. Die Farne sind riesig. Die Bäume erinnern mich an die gigantischen Gelbkiefern, die ich so sehr liebe. O ja, dieser Ort ist voller Leben. Aber noch kann ich nicht daran teilhaben, ich kann es nicht berühren.

Also säubere ich mich mit den Händen. Während ich die Erdkrumen von mir schüttle, merke ich, dass ich gleichsam unter Schock stehe. Dieses Abenteuer ist ein bisschen zu viel für mich. Ich möchte, dass es nicht mehr ganz so intensiv ist, dass es etwas ruhiger weitergeht, doch bin ich viel zu sehr außerhalb von jeglicher Zeit, um darauf Einfluss zu haben.

Ich bin zwar immer noch ganz schön schmutzig, trotzdem beschließe ich jetzt, dass es Zeit ist für ein Nickerchen. Ich rolle mich auf der kühlen, feuchten Erde zusammen und lege meinen Kopf auf einen Haufen Kiefernnadeln. Was, so frage ich mich, meinte der Mann bloß mit: »Lass deine Grenzen hinter dir!«? Im nächsten Moment schon umfängt mich ein tiefer, traumloser Schlaf.

Ich erwache ganz langsam. Mit geschlossenen Augen genieße ich die üppige Fruchtbarkeit der Erde unter mir noch eine Weile. Ich hatte ganz vergessen, wie erholsam es ist, einfach nur auf der Erde zu liegen. Ich wünschte mir, ich hätte mehr Zeit für so etwas in meinem geschäftigen Leben. Wahrscheinlich könnte ich mir die Zeit nehmen, wenn ich das wirklich wollte. Ich sollte meine Wertvorstellungen überprüfen.

»Ganz sicher sogar«, erklingt eine weiche Stimme neben mir.

Erschrocken öffne ich die Augen und sehe ein winziges Wesen vor mir stehen. »Ein Kobold ist das nicht«, denke ich mir. Ich habe bereits Bilder von Kobolden gesehen und dieser hier sieht ganz anders aus. Er sieht aber auch nicht aus wie eine der Figuren, die ich aus Märchenbüchern kenne. Ich kann nicht anders. Mir geht dauernd das Wort »Baummann« durch den Kopf. Er ist vielleicht neunzig Zentimeter groß und hat ein kleines Kaninchen bei sich.

Beide sehen mich mit ihren sanften braunen Augen an. Die des Baummannes zeigen ein verräterisches Funkeln. Lacht er etwa? Doch sein Gesichtsausdruck ist völlig ernst. Er trägt einen langen, schwarzen Mantel und Hosen in derselben Farbe wie sein seidig glänzendes Haar.

»Wer bist du?«, frage ich.

»Ich bin ein Freund«, gibt er zurück.
»Ist das Kaninchen auch ein Freund?«, bohre ich weiter.
»Das Kaninchen ist mein Freund«, antwortet er.
»Oh!«, sage ich, weil mir nichts Besseres einfällt.
»Bist du auf der Suche nach Macht?«, fragt er mich.
»Ich weiß nicht. Warum fragst du?«

Langsam gewöhne ich mich daran, dass die Wesen, denen ich begegne, immer zu wissen scheinen, was in mir vorgeht.

»Du scheinst eine Menge über Macht wissen zu wollen. Und es scheint so, als wolltest du mehr haben als jetzt.«

»Ja, das stimmt«, gebe ich zu. »Ich habe mich machtlos gefühlt. Eigentlich schon immer, aber in letzter Zeit war es schlimmer, weil man mir sagte, dass ich eine lebensbedrohliche Krankheit habe.«

»Wenn du alle Macht des Universums haben könntest, was würdest du damit tun?«

»Ich weiß nicht. Darüber habe ich nie nachgedacht.«

Er sieht mich freundlich an. Ich fühle mich wohl mit diesem kleinen Mann. Ich weiß, dass ich hier ewig leben könnte. Ich wäre glücklich, ihm zu folgen – wie das Kaninchen.

»Bevor du nicht verstanden hast, dass du mit allem, was lebt, tief verbunden bist, bevor du also nicht aufhörst, dich von den Menschen und den anderen Lebensformen des Kosmos getrennt zu fühlen, kannst du mit deiner ganzen Macht nichts anfangen. Im Augenblick hat dein Ego deine ganze Macht. Es glaubt vom Rest des Lebens getrennt zu sein und versucht daher, über andere Macht auszuüben. Doch das Ego kann die Mächte des Universums nicht so nutzen, dass alle davon profitieren.«

Der Baummann fährt fort: »Wenn du alle Macht des Kosmos besäßest und Wut oder Eifersucht dich übermannen würden, was würde dann geschehen?«

Der kleine Mann hat Recht. Was ich mir wirklich wünsche, ist die Kraft, mich selbst zu heilen und ein gutes Leben zu führen. Und doch will ich immer mehr und mehr Macht – vielleicht wegen meines Ego.

»Was ist Macht?«, frage ich.

»Macht ist die Fähigkeit, Energie richtig zu nutzen«, erklärt mir mein Baumfreund. »Im Moment brauchst du aber eher Wissen als Macht. Du solltest nach Wissen streben.«

»Kannst du mir ein Beispiel für die Art von Wissen geben, die ich suchen soll? Soll ich noch einmal zur Schule gehen und noch einen Abschluss machen oder geht es um etwas anderes?«

Wind kommt auf und lenkt meine Aufmerksamkeit zurück zur Natur. Bisher schien die Sonne sanft durch die Bäume und eine leichte Kälte erinnerte mich daran, dass es Morgen war. Ich nehme an, dass immer noch Morgen ist. Oder ist es etwa schon später Nachmittag? Ich sollte die Tageszeit eigentlich am Stand der Sonne am Himmel ablesen können, aber ich bin dazu nicht in der Lage. Zu lange Zeit war ich vom Ticken der Uhr abhängig.

Auch jetzt liest der kleine Mann wieder in meinen Gedanken: »Leben im Einklang mit den Gesetzen der Natur – diese Art von Wissen solltest du dir aneignen. Tief in dir weißt du, dass du nicht von der Natur getrennt bist und dass du sie nicht kontrollieren kannst. Kontrolle ist auch nicht wirkliche Macht. *In* der Natur leben und *mit* ihr arbeiten – das ist wahre Stärke.

Die Ärzte und Heiler in deinem Land versuchen Krankheiten zu kurieren. Aber was für einen Sinn hat es, eine Krankheit zu heilen, wenn sie euch dann nicht zeigen, wie man mit dem Leben umgeht?

Wenn die Ärzte den Tumor aus deinem Körper erfolgreich entfernen und du von neuem in ein Leben voller Stress und Angst gerätst, bist du dann wirklich geheilt? Viel wahrscheinlicher ist es, dass du deinen Körper weiter missbrauchst und die alte Krankheit am Ende nur durch eine neue ersetzt wird. Wenn du lernen willst, gesund und glücklich zu sein, musst du begreifen, dass du ein Teil des Lebens bist. Aber wie, wenn du die Kräfte der Sonne, der Erde, des Mondes und der Sterne nicht kennst? Wenn Wasser, Wind, Feuer dir fremd sind? Wenn du die Bewegungen dieser Naturkräfte weder außen noch innen spürst?«

Ich höre diesem lustig aussehenden, kleinen Mann mit dem fröhlichen Zwinkern in den Augen genau zu. Ich weiß, dass er mir nicht einfach eine Predigt hält. Das Zwinkern seiner Augen zeigt mir ehrliche Besorgnis und seine Worte werden von der tiefen Schwingung reiner Liebe und Weisheit getragen. Ich bin sicher, dass dieses Wesen einfach alles weiß. Und ich möchte wissen, was es weiß. »Schon wieder«, denke ich, »schon wieder will ich alles haben.« Ich habe so eine Ahnung, als würde mein Lernprozess viel Geduld erfordern – eine Qualität, die ich nicht gerade im Übermaß besitze.

»Wirst du mir beibringen, wie ich mein Leben leben soll?«, frage ich.

»Nein. Ich werde dir nur helfen, dich daran zu *erinnern*. Alles, was du wissen musst, findest du in dir. Du musst nur den Eingang zu diesem Schatz finden.«

»Ich habe häufig das Gefühl, blind im Dunkeln dahinzustolpern.«

»Dann geh durch die Dunkelheit. Lass dich von der Kraft deines Geistes durch die Dunkelheit führen.«

»Ich weiß aber nicht wie.«

»Na, dann versuchen wir's doch einfach mal zusammen. In Ordnung?«

Der Baummann macht einen Schritt auf mich zu und ergreift meine Hand. Das Kaninchen folgt uns. Seine Augen sind voll Liebe. Es kommuniziert nicht mit Worten, das erkenne ich. Sofort merke ich, wie ich seine Gegenwart als wertlos abtue. Dann sehe ich wieder die Liebe in seinen Augen und frage mich, was ich eigentlich will. Es kann immerhin Liebe schenken. Ist das nicht mehr als genug?

Gemeinsam schreiten wir schweigend voran. Die Bäume sind so hoch, dass ich die Spitzen nicht sehen kann. Auch die Sonne bleibt dahinter verborgen. Nur ein paar Strahlen finden ihren Weg durch das grüne Dach. Die dunkle Erde ist mit grünen und braunen Kiefernnadeln bedeckt. Die Nadeln und der Schatten der Bäume halten den Boden feucht und kühl. Man geht gut darauf. Ohne die geringste Anstrengung.

Wir kommen zu einer Lichtung, in deren Mitte eine von Erde und Felsen umgebene Lagune liegt. Ganz am anderen Ende der Lagune erkenne ich einen Wasserfall. Es ist keiner dieser Wasserfälle, wie es sie in den Tropen gibt, die ohrenbetäubend laut sind. Er ist gerade so groß, dass er uns die Gegenwart des Wassers unmittelbar nahe bringt.

Wir laufen gemächlich um die Lagune herum. Der Baummann und das Kaninchen tänzeln graziös über die Felsen hin. Sie bewegen sich völlig lautlos. Ich hingegen mache eine Menge Geräusche: Mein Atem ist laut, mein Gang wirkt ungeschickt und gezwungen. Jeder Schritt ist hörbar.

Der kleine Baummann sieht sich um. Seine Augen zwinkern. Ich kann alles Wissen des Kosmos in ihnen sehen.

In der Nähe des Wasserfalls verliere ich aufgrund der dichten Schleier aus Wassertropfen schnell das Gleichgewicht. Der Mann und das Kaninchen bleiben stehen. Mein Baumfreund dreht sich um und nimmt meine Hand. Sein Blick sagt mir, dass alles in Ordnung ist. Eine Welle von Vertrauen überflutet mich.

»Wir werden jetzt durch den Wasserfall hindurchgehen!«, ruft er. Er hebt seine Stimme, damit ich ihn vor dem Rauschen des Wassers besser hören kann. »Folge mir!«

Ich frage mich, wie ich zwischen all diesen Kräften wohl das Gleichgewicht halten werde. Doch da höre ich aus den Tiefen meines Geistes: »Jede Ablenkung führt dich von deiner Mitte weg. Sammle dich und bleib in deiner Mitte.« Ich halte einen Moment inne und atme tief ein und aus. Ich spüre, wie ich mich immer stärker zentriere und Kraft für die mir bevorstehende Reise sammle.

Wir kommen auf der anderen Seite des Wasserfalls an und diesmal rutsche ich auf den nassen, moosbewachsenen Felsen nicht aus. Immer wieder sage ich mir, dass ich in meiner Mitte bleiben muss. Zentimeter für Zentimeter schiebe ich mich hinter dem kleinen Baummann her durch die Wassermassen hindurch. Zu meinem Erstaunen öffnet sich dort der Eingang zu einer Höhle.

Zuerst bin ich hell begeistert über die Aussicht, zum ersten

Mal in meinem Leben eine Höhle zu betreten, doch dann gewinnen meine Ängste die Oberhand. Mir fällt auf, dass ich neuen Abenteuern häufig mit Furcht begegne. Warum wohl?

Meine Phantasie gaukelt mir tausend Schreckensbilder vor: In Höhlen wohnen wilde Bären. Und Fledermäuse. Was, wenn sich ein Tier darin verbirgt?

Der Baummann hält sich vor Lachen den Bauch. Auch das Kaninchen rümpft die Nase ein ganz kleines bisschen und lacht auf seine Weise. Die eigenen Ängste dem Spott der anderen ausgesetzt zu sehen ist demütigend, aber ich kann nichts dagegen tun. Diese Wesen wissen alles über mich. Ich atme also tief durch und versuche, nicht allzu rot zu werden.

Der kleine Mann gibt mir die Hand. Die Energie, die dadurch in mich dringt, flößt mir Vertrauen ein. Schon kann ich ein bisschen mehr loslassen.

Nun betreten wir die Höhle. Das Innere ist genau, wie ich es mir vorgestellt habe … pechschwarz. Der kleine Mann hält mich immer noch an der Hand und führt mich durch die Dunkelheit. Sein fester Griff ist tröstlich. Ich weiß, dass ich ihm nur zu folgen brauche.

Schließlich erreichen wir den hinteren Teil der Höhle. Keine Bären fallen über uns her. Keine Fledermäuse stürzen sich auf uns und verfangen sich in meinem Haar. Doch wie weit ich die Augen auch aufreißen mag, ich kann in dieser dichten Schwärze einfach überhaupt nichts sehen.

Der kleine Mann streicht ein Schwefelholz an und zündet damit eine Lampe an, die an der Höhlenwand hängt. Dann fasst er in seine Manteltasche und holt einen Kristall hervor. Er hält ihn für mich ins Licht und dreht ihn so, dass ich einen schimmernden Regenbogen sehen kann. Aber das ist noch nicht alles: Von diesem Kristall geht ein strahlendes Licht aus.

»Siehst du das Licht?«, fragt er.

»Ja«, antworte ich.

»Ein Licht wie dieses lebt in dir. Du hast dein eigenes inneres Licht, das dich durch die Dunkelheit führt. Geh in dich und versuche, den ersten Schimmer deines inneren Lichtes zu finden.«

Ich schließe meine Augen und ziehe mich in mich selbst zurück, wie ich es in meinen Entspannungskursen gelernt habe. Plötzlich bemerke ich ein strahlend klares Licht in meinem Solarplexus.

»Ausgezeichnet«, sagt mein Baumfreund. »Das bist du. Dies ist, was du wirklich bist – jenseits aller Gedanken und Ich-Vorstellungen und jenseits der Vorstellungen, die sich andere von dir machen. Das Licht in dir ist sogar noch heller, als du es jetzt wahrnimmst. Es hat weder Anfang noch Ende. Seine Ausdehnung liegt jenseits allen rationalen Verstehens. Deine Lebensaufgabe ist es, diesem Licht zu mehr Wachstum zu verhelfen.

Denk immer daran: Der Zweck deines Ego ist es, dein inneres Licht in Raum und Zeit hineinzubringen. Dein wahres Wesen aber ist Licht.

Und was nun das Gehen in der Dunkelheit anbelangt ... das musst du noch lernen.« Und bevor er seinen Satz beendet hat, bläst er die Laterne aus, so dass das Licht des Kristalls erlischt.

»Ich werde dir nicht helfen, aus dieser Höhle herauszukommen. Du hast außer deinen Augen noch eine Menge anderer Sinne zur Verfügung, die dir helfen werden. Der Sinn, mit dem du das große Licht in deinem Inneren sehen kannst, wird dich leiten. Lass dich von deiner Nase führen, von deiner Haut und deinem Wissen. Du wirst den Weg finden. Ich erwarte dich am Eingang.«

»Aber so warte doch. Ich sehe ja überhaupt nichts!«, rufe ich ihm nach und missachte damit gleich alle Anweisungen, die mir der Baummann gerade gegeben hat. Doch mein Ruf verhallt ungehört in der Stille.

Vorsichtig mache ich einen Schritt. Doch die Dunkelheit ist so dicht, dass ich nicht einmal weiß, ob ich vorwärts oder rückwärts gegangen bin. Ich weiß, dass ich auf festem Boden stehe, doch im Augenblick fühlen sich weder die Erde noch mein Körper besonders fest an.

Noch ein Schritt vorwärts und prompt stoße ich an die kühle, feuchte Wand der Höhle. »Ich kann das nicht«, sage ich zu mir selbst. Doch leider kommt niemand, um mich zu retten. Oder vielleicht doch? Wenn ich mich hinsetze, wird es dem kleinen Mann vielleicht Leid tun und er kommt zurück und holt mich. Vielleicht ist das ein Vertrauenstest? Vielleicht muss ich zeigen, dass ich der Liebe meiner neuen Freunde bedingungslos vertraue? Nein, das ist es nicht. Es hört sich ja gut an, aber leider stimmt es nicht. Ich muss diese Aufgabe wirklich allein bewältigen. Hier geht es darum, eine Menge Vertrauen zu mir selbst zu entwickeln.

Ich beginne also die Höhle langsam, Schritt für Schritt zu durchqueren. Ich setze zitternd einen Fuß vor den anderen. Dann fällt mir plötzlich wieder ein, wie fröhlich der Baummann und das Kaninchen über die Felsen rund um die Lagune gehüpft sind, und mir wird klar, dass es auch anders geht.

»Atme«, sage ich zu mir selbst. »Finde deine Mitte, folge deinem Licht.« Immer wieder spreche ich diese Worte vor mich hin und nutze so das neue Wissen, das mir zuteil geworden war.

»So weit, so gut«, erkläre ich im Stillen. Es ist zwar nicht einfach und es geht auch nicht alles glatt, aber bis jetzt mache ich meine Sache ganz gut. Als ich dann endlich Vertrauen in mich gefunden zu haben scheine, stolpere ich über einen Stein, der mir im Weg liegt, und falle auf mein Gesicht.

»Gut, das war's dann«, sage ich mir, während ich mich wieder aufsetze. »Ich weiß jetzt, was ich tue. Ich bewege mich keinen Millimeter mehr. Ich bleibe hier im Finstern sitzen, bis ich sterbe, wenn kein Licht erscheint, dem ich folgen kann.«

Da spüre ich plötzlich die Energie des kleinen Baummannes neben mir. So viel wenigstens kann ich schon erkennen.

»Was tust du da?«, fragt er.

»Ich sitze – oder wonach sieht das deiner Meinung nach aus?«, antworte ich ärgerlich.

»Ruhst du dich aus?«, hakt er nach.

»O nein. Ich ruhe mich nicht aus. Ich gebe auf. Na, was sagst du nun, Großer Weiser?«

Der Baummann ignoriert meinen Sarkasmus einfach: »Wenn du im Dunkeln gehen musst, meine Liebe, ist es wichtig, dass du gehst und nicht sitzt.«

Nun spüre ich noch eine andere Präsenz neben mir. Die wunderschöne, in Mitternachtsblau gekleidete Frau, die mich in der Leere begrüßte, ist da.

»Dies ist eine Initiation«, erklärt sie.

»Ich weiß aber nicht, ob ich sie überleben werde«, gebe ich niedergeschlagen zurück und spüre, wie Tränen in mir aufsteigen. In meinem Herzen hat sich eine Menge Kummer angesammelt: Selbstmitleid, Enttäuschung, Sorge, Anstrengung, Angst vor dem Versagen und so weiter.

Doch meine Lehrerin reagiert nicht auf mein Betteln um ein paar gute Worte. »Wenn es leicht wäre, wäre es ja schließlich keine Initiation«, sagt sie.

Dann wiederholen der Baummann und meine Lehrerin im Chor: »Denk daran, wer du bist. Erinnere dich an das Licht, das dir den Weg zeigt. Vergiss nicht: Die Stärke deines Geistes führt dich durch die Leere.« Schon sind sie weg.

Ich konzentriere mich und überlege, welche Möglichkeiten ich habe. Wie blöd von mir zu glauben, dass ich eine wählen kann. Entweder verschmachte ich hier in der Höhle und werde für immer von meinem Körper getrennt oder ich stehe auf und gehe.

Ich entscheide mich fürs Aufstehen. Ich wollte, das Leben wäre einfacher.

Ich gehe also weiter, dabei summe ich vor mich hin: »Die Stärke meines Geistes führt mich durch die Leere.« Der Rhythmus und die Worte, die ich chante, lenken mich von meinen negativen Gedanken ab. Ich vergesse meine Not und laufe einfach weiter.

Plötzlich rieche ich frische Erde. Ich höre Wasser plätschern. Mein Herz öffnet sich für die Freude, die den ganzen selbst geschaffenen Kummer einfach wegspült. Nun kann ich die Kraft spüren, die mich zu dem Licht am Eingang der Höhle geführt hat.

Wie lange mag all das wohl gedauert haben? Wer weiß – eine Stunde vielleicht, möglicherweise auch einen ganzen Tag. Ich sehe nichts als das Licht vor mir und bewege mich darauf zu.

Schließlich trete ich aus der Höhle. Die Sonne scheint hell. Einen Augenblick lang blendet sie mich. Ich schließe meine Augen und öffne sie dann ganz langsam wieder, damit sie sich an die hell erleuchtete Welt gewöhnen.

Ich bin wieder in der schönen Landschaft, die rund um die Lagune liegt, nur dass sie dieses Mal noch strahlender wirkt. Niemand ist hier, um mich zu begrüßen. Ich bin immer noch ein wenig wacklig auf den Beinen … und mir fällt auf, dass ich am ganzen Leib zittere.

Um meine Nerven zu beruhigen und die Anspannung von meiner Seele zu nehmen, tauche ich mit einem Sprung ins blaue Wasser der Lagune. Kühl umfängt es mich, rein und klar, wie ich es nie zuvor erlebt habe. Ich spüre, wie es alle Reste von negativen Emotionen, die das Höhlenabenteuer in mir hervorgerufen hat, einfach wegspült. Ich lasse mich auf dem Rücken liegend treiben, und mit einem Mal wird mir klar, was der Begriff »Wasser des Lebens« bedeutet.

Mit ein paar kräftigen Stößen tauche ich bis zum Grund der Lagune hinab. Das Wasser ist weniger trüb, als ich erwartet habe. Ich erkenne eine Unmenge Pflanzen und Fische. Leider weiß ich nicht viel über das Leben unter Wasser. So kann ich diesen wundervoll farbigen Wesen keinen Namen geben. Sei's drum. Ich bin jedenfalls dankbar, auf diese Weise zum Kind der mächtigen Natur zu werden! Gewöhnlich habe ich es viel zu eilig, um mir diesen Luxus zu gönnen, und meine Wahrnehmung wird ganz davon beansprucht, dass ich überlege, was ich tun soll oder nicht. Hier erscheint alles anders: Ich muss nirgendwohin und ich habe absolut nichts zu tun.

Ich kehre an die Oberfläche des Wassers zurück, lasse mich auf dem Rücken liegend treiben und beobachte die Wolken, die über den Himmel ziehen. Ich rufe mir die Ereignisse in der Höhle noch einmal ins Gedächtnis zurück: Was mag meine Führerin wohl gemeint haben, als sie sagte, dies sei eine Initiation. Was ist eine Initiation? Und worin soll ich eingeführt werden? Die Initiationsriten, die ich kenne, finden in Studentenverbindungen statt, und das war ganz sicher nicht gemeint.

Ich habe nicht das Gefühl, mich großartig verändert zu haben. Ich bin nur ziemlich erschöpft, denn die Erfahrung war sehr intensiv. Trotzdem bin ich froh, dass ich nicht auf dem Boden der Höhle sitzen geblieben bin, um mein Leben in ewiger Dunkelheit zu beschließen. Tatsächlich bin ich sogar ein wenig stolz auf mich, weil ich meine lähmenden Ängste überwunden habe. Ich werde warten, ob sich noch andere Gefühle einstellen. Für den Augenblick genieße ich einfach nur das helle Sonnenlicht und die gute Luft.

Ich schwimme quer durch die Lagune und ziehe mich auf der anderen Seite an einem Felsen hoch. Dort sitzen auf einer gemütlichen Decke nicht allzu weit weg mein Baummann und sein Kaninchen. Zwischen ihnen fließt Liebe, das spüre ich sofort. Sie machen ein Picknick und ich gehe zu ihnen hinüber.

»Gratuliere, du hast es geschafft!«, sagt mein Baumfreund zu mir. »Setz dich. Du musst ganz schön hungrig sein. Du weißt ja, Höhlen machen Appetit.«

Ich setze mich zu ihnen auf die Decke.

»Nun, wie war es?«, fragt der Baummann und reicht mir einen Teller mit merkwürdig aussehenden Nahrungsmitteln, darunter eine Reihe mir völlig unbekannter Pflanzen.

»Nun, ich habe gerade darüber nachgedacht«, antwortete ich. Ich erzählte ihm, wie mir das Chanten geholfen hatte, und vom »Wasser des Lebens«, in das ich eingetaucht war.

»Jede Erfahrung in dieser Welt ist wie das Teilchen eines Puzzles. Das ganze Bild wird dir zeigen, wie du deinen Lebenssinn verwirklichen kannst«, gibt er zurück. »Die einzelne Erfahrung ist nur ein Teil der Antwort. Versuch nicht das, was bisher geschehen ist, mit dem Verstand zu zergliedern. Lass einfach nur zu, dass alles sich zu einem Ganzen fügt.«

Ich bin erschöpft und suche nach einem Plätzchen, an dem ich mich ausruhen kann. Ich möchte nicht unhöflich zu meinen Gastgebern sein, aber die Müdigkeit übermannt mich einfach. Außerdem weiß ich, dass ich hier bin, weil ich lernen muss, auf mich zu achten.

Eine riesige Kiefer lädt mich ein, mich mit dem Rücken an

ihren Stamm zu lehnen. Woher ich das weiß? Eine innere Stimme sagt es mir. Ich vertraue ihr und setze mich unter den Baum. Meine Beine sind vollkommen steif. »So viel Kraft kostet also die Angst«, denke ich. Hat etwa die Furcht meine Krankheit ausgelöst?

Als ich mich gegen den Baum lehne, spüre ich, dass auch mein Rücken total hart ist. Die innere Stimme sagt mir, dass ich mit jedem Ausatmen ein bisschen von dieser Spannung loslassen soll. Ich atme tief ein und aus und habe das Gefühl, dass der Baum mich im Arm hält. Er umfängt alles, was ich erlebt habe, und dämmt jede Kritik ein. Dieser Baum ist lebendig! Irgendwie kennt er mich und spricht zu mir.

Ich schließe meine Augen und nehme die Kraft meiner Umgebung ganz in mich auf, nicht nur die Schönheit. Was das allerdings genau ist, vermag ich noch nicht zu sagen.

Der kleine Mann kommt auf mich zu: »Darf ich mich setzen?«

Ohne die Augen zu öffnen, antworte ich: »Aber sicher.« Seine Frage erstaunt mich.

»Was du jetzt erlebst, ist ein sehr wichtiges Teilchen des Puzzles. Die Vitalität, die du hier spürst, spiegelt dir nur deine eigene Kraft wider. Hier erfährst du, wer du wirklich bist.

Du spürst, dass der Baum ein Teil von dir ist und umgekehrt. Dadurch entsteht in dir ein neues Bewusstsein, das dir sagt, dass du – ganz im Gegensatz zu dem, was du bisher glaubtest – vom Rest des Lebens nicht getrennt bist. Diese Trennung ist ein Produkt deines Verstandes und wird von deinen Ängsten so lange verstärkt, bis dein Ich sich wirklich von der Welt getrennt fühlt. Wie du siehst, ist dies nicht mehr als eine Illusion, die du selbst geschaffen hast, die aber dein ganzes Leben bestimmt.

›Was nun?‹, fragst du dich wahrscheinlich. Wie kannst du im Licht dieser neuen Erkenntnis dein Leben leben? Ganz einfach: Wenn du dich selbst liebst, wirst du den Baum und alle Wesen in der Natur mit Liebe und Respekt behandeln. Lässt du dich aber von Furcht und Wut leiten, wird sich dies in deinem Handeln widerspiegeln, so dass du auf dem Pfad der Zerstörung und der mangelnden Harmonie weiter voranschreitest.«

Ich lasse die Worte meines weisen Freundes auf mich wirken, bevor ich ihm antworte: »Manchmal deprimiert es mich, dass es so wenig Menschlichkeit gibt. Die Menschen haben keinerlei Respekt vor anderen Lebensformen, nicht einmal vor ihren Artgenossen. Jeder denkt nur an sich selbst. Dieser mangelnde Respekt vor dem Leben lässt mich mein Leben manchmal als sinnlos empfinden. Aber was kann ich schon dagegen tun?«

»Du kannst eine Menge tun. Lerne, verändere und entwickle dich. Du kannst vielleicht die Welt nicht retten, aber wenigstens einen Teil von ihr, nämlich dich selbst. Das Land, aus dem du kommst, ist wie eine Schule. Es gibt Lehrpläne für alle und Lehrpläne für den Einzelnen. Da du aber mit allem verbunden bist, wirkt sich deine innere Entwicklung auf das gesamte menschliche Bewusstsein aus.«

»Und wer ist für diese Schule verantwortlich?«, frage ich mit einem Anflug von Ärger. »Mit dem oder der würde ich gerne mal ein Wörtchen reden!«

»Es ist ziemlich einfach, in eine existenzielle Krise zu geraten, nicht wahr?«, meint der Baummann, über meinen Temperamentsausbruch hinwegsehend. »Wenn du vergisst, wer du bist, verfällst du ganz leicht in Hoffnungslosigkeit. Doch das große Bild ist dir jetzt noch nicht zugedacht. Wenn du erst deinen Körper loslässt, erfährst du mehr. Für den Augenblick zählt nur, was du in dieser Zeit, da du Erfahrungen auf der Erde sammelst, möchtest und brauchst.«

»Ich möchte einen Platz wie diesen genießen können – ohne Kiefern, die an von giftigen Chemikalien ausgelösten Krankheiten dahinsiechen. Ich möchte in heilendem, reinem Wasser schwimmen – ohne Abfälle und Atommüll.«

Der kleine Mann sieht mich voller Mitgefühl an. Er spürt, was mir Kummer bereitet, ohne sich meine Gefühle zu Eigen zu machen.

»Ich habe Bücher über andere Dimensionen gelesen. Bin ich jetzt in einer solchen Dimension? Und kann ich sie auch wieder erreichen, wenn ich erst zu Hause bin?«

»Ja, es gibt andere Dimensionen. Wenn du lernst, mit deinen

›neuen‹ Augen zu sehen, wirst du erkennen, dass die Bäume, die du jetzt als ›krank‹ ansiehst, auch noch eine andere Seite haben. Genauso wie dein Körper, den du ebenfalls als ›krank‹ betrachtest. Die Krankheiten, die du überall siehst, erscheinen nur dem unerfahrenen Auge so – dem Auge, das die Harmonie des Lebens noch nicht erkannt hat. Also wird dir das, was du siehst, als Disharmonie zurückgespiegelt. Nein, ich glaube nicht, dass du in andere Dimensionen reisen musst, um Schönheit und Harmonie zu erleben. Du musst nur deine Wahrnehmung verändern, die dich schwach, hilflos und krank erscheinen lässt. Denk daran, wer du wirklich bist. Dann werden sich die Krankheiten, die du siehst, in etwas anderes verwandeln.«

»Wie kann das sein? Jeder weiß, dass die Bäume sterben und dass das Wasser so verschmutzt ist, dass man es nicht zu trinken wagt. Und du behauptest, dass dies alles wie durch Zauberhand verschwindet, wenn ich mich dafür entscheide, alles als gesund, rein und vollkommen anzusehen! Denkst du, ich glaube noch an Märchen?«

»Nein, ich bitte dich nur, das, was ich dir sage, unvoreingenommen zu betrachten. Versuch einfach zu begreifen, dass du selbst für dein Leben und deine Gesundheit verantwortlich bist. Kein Arzt wird dich von deinen körperlichen Krankheiten heilen, keine Regierung deine wirtschaftliche Situation verbessern. Kein religiöser Führer wird deinem Geist Frieden schenken, kein Guru deine Seele retten. Du bist kein kleines Kind mehr und niemand wird sich um dich kümmern. Du allein besitzt die Fähigkeit, aus deinem Leben etwas zu machen.

Also: Punkt eins: Erkenne das Problem! Punkt zwei: Such die Lösung in dir selbst! Du ganz allein hast es geschafft, aus der Höhle herauszukommen. Nicht einmal dein Verstand hat dir geholfen. Ganz im Gegenteil, er hat dich sogar mit einer Menge negativer Gedanken blockiert. Was hast du in der Höhle gesungen: ›Die Stärke meines Geistes führt mich durch die Leere.‹ Das ist eine *großartige Erkenntnis*! Du solltest stolz auf dich sein. Und nun ruh dich ein wenig aus. Bald brechen wir zu einem neuen Abenteuer auf.«

Ich lehne mich gegen den Baum. Meine Lider werden schwerer und schwerer. Schließlich gleite ich in einen farbenprächtigen Traum hinüber. Über mir das dichte Dach des Regenwaldes. Die Luft ist feucht und die Äste der Bäume sind voller dunkelgrüner Blätter. Dieser Ort hat etwas wohltuend Tröstliches.

Mein Gedankenkarussell ist zum Stillstand gekommen. Während ich spazieren gehe und die ungewohnte Ruhe in meinem Kopf genieße, dringen aus der Ferne Stimmen zu mir. Da ich mich hier sicher und geborgen fühle, gehe ich ihnen nach.

Ich stoße auf eine Gruppe von Frauen, die im Kreis stehen. In dessen Mitte sitzt eine junge Japanerin von etwa zwanzig Jahren. Sie weint. Etwa fünfzehn Frauen aller Altersgruppen und Nationalitäten versuchen, sie zu trösten. Als ich näher trete, nehmen sie mich in den Kreis auf. Dann erzählt uns die junge Japanerin von ihrem Kummer.

Sie stammt aus meiner Zeit, meiner Gegenwart. Ganz offensichtlich bin ich in ihren Traum hineingestolpert. »Wie spannend!«, denke ich.

Sie ist traurig, weil die älteren Frauen in der westlichen Kultur Make-up tragen müssen. Und entsetzt, dass man von ihnen erwartet, dass sie einkaufen gehen und ihren Lebensunterhalt selbst verdienen. »In meiner Kultur«, erläutert sie, »schenkt diese Zeit im Leben große Freude. Keine ältere Frau würde sich verstecken oder mit Kosmetik gegen ihre Falten vorgehen. Sie würde stolz ihr Gesicht zeigen, da die Krähenfüße als Zeichen von Erfahrung und Weisheit gelten. Niemand würde wagen, ihr schwere Tüten aufzubürden. Ganz im Gegenteil, ihre Familie würde sie hoch ehren und bei allem unterstützen.«

Die Frauen im Kreis sehen sich verwirrt an. Sie tauschen sich untereinander aus. Ich höre, wie sie über Frauen sprechen, »die ihr Alter verstecken« und die »ihre Schönheit nicht zu besitzen wagen«.

Hier greife ich in die Diskussion ein. »Wo ich herkomme, tragen Frauen nicht nur Make-up. Einige lassen sich sogar operieren, um ihrem Körper eine andere Form zu geben.« Keine Frau im Kreis versteht, was ich damit meine, also versuche ich es mit Pantomime. Ich ziehe mir das T-Shirt einige Zentimeter vor die Brust, hebe meine Pobacken an, ziehe die Haut meines Gesichts glatt und bewege scherenartig die Finger an meinen Schenkeln entlang.

Die Frauen brechen in ungläubiges Gelächter aus.

»Ich habe auch schon überlegt, ob ich mich operieren lasse«, erzähle ich ihnen.

Dieser Satz löst Totenstille aus. Die älteste Frau in der Gruppe steht auf. Aus den Falten ihres alten, weisen Gesichts blicken zwei kluge Augen, die vor Lebensfreude nur so funkeln. Sie strahlt eine Schönheit aus, für welche die Frauen meiner Zeit ihre Seele verkaufen würden.

Sie geht auf mich zu und fragt mich: »Findest du mich schön?«

»O ja.«

»Ich finde auch, dass ich schön bin«, sagt sie. »Findest du dich schön?«

»Ich weiß nicht«, antworte ich. »Manchmal ja, manchmal finde ich mich aber auch hässlich.«

»Schönheit ist ein Lebensgefühl«, erläutert sie. »Wenn du wirklich Achtung und Liebe für dich empfindest, dann wirst du erkennen, dass du vollkommen bist, so wie du bist. Wenn du auf einer Blumenwiese stehst, versuchst du doch auch nicht, die schönste Blüte herauszufinden. Alle Blumen sind schön, weil sie einzigartig sind. Alle Tiere sind schön, weil sie einzigartig sind. Und genauso ist auch jeder Mensch einzigartig und schön.«

Lebhafter fährt sie dann fort: »Das Dumme ist nur, dass Menschen ein Bewusstsein haben, das ihnen enorme Schwierigkeiten macht. Mit dem Bewusstsein ist nämlich die Fähigkeit zu denken verbunden. Oh, natürlich ist das Denken eine Gottesgabe, aber manchmal wirkt es auch wie ein Fluch, vor allem, wenn man versucht, das Wesen der Schönheit damit zu erfassen.

Wahre Schönheit lebt in uns. Die äußere Erscheinung maskiert dieses Strahlen nur und lenkt die anderen Menschen von unserer Wirklichkeit ab. Wenn du Liebe und Achtung für dich selbst entwickelst, wirst du deine innere Schönheit von ihren Fesseln befreien. Und du wirst dir der Schönheit anderer voll bewusst.

Die Kultur, die du beschreibst, ist in spiritueller Hinsicht bankrott. Was du im Spiegel siehst, ist nicht real. Und Menschen, die dich nach der äußeren Erscheinung beurteilen, sind es auch nicht.«

Sie nimmt mein Gesicht in ihre Hände und sieht mir in die Augen, so als wolle sie in meiner Seele lesen. Dann breitet sich ein Lächeln auf ihrem Gesicht aus und entblößt all ihre Zähne. Ich habe ihre Botschaft verstanden.

Die Frauen nehmen ihr Gespräch wieder auf, doch die Stimmen verklingen allmählich immer mehr im Hintergrund. Mein Traum nimmt mich mit und trägt mich in einen anderen exotischen Teil der Welt. Ich befinde mich jetzt in einem einsitzigen Kanu und paddle einen breiten Strom hinab. Die Sonne steht hoch. Am Himmel ist kein Wölkchen auszumachen. Da nichts die Hitze abhält, erfüllt die Sonne mehr und mehr meinen Körper. Mein Solarplexus scheint zu glühen. Mit einem Mal wird mir klar, dass die äußere Landschaft nur meine innere Befindlichkeit widerspiegelt.

Der Strom trägt mich gemächlich flussabwärts. Ich genieße die Reise und fange an, über das Magische im Leben nachzudenken. Ich habe in letzter Zeit so viel gelernt, dass plötzlich der Wunsch in mir entsteht, ich möge doch die Macht haben, meine Wünsche sofort Wirklichkeit werden zu lassen. Ich wünschte, ich hätte mehr Kraft im Leben. Das Wort »Macht« zieht meine Aufmerksamkeit auf sich, denn mein kleiner Baumfreund würde dies bestimmt nicht gutheißen.

Was hatte er nur mit »Illusion« gemeint? Ob er Recht hatte? Wenn alles nur Illusion war, dann müsste ich meine Umgebung doch nach Lust und Laune manipulieren können? Ha, schon spielt mein Verstand mir wieder seine bekannten Streiche!

Plötzlich fängt das Wasser um mich herum zu wirbeln an. Ich muss mich ganz aufs Paddeln konzentrieren, um das Kanu in den Stromschnellen am Kentern zu hindern. Aber die Stromschnellen lassen sich von meinen Versuchen, die Kontrolle zu behalten, nicht beeindrucken, so dass das Kanu ins Wanken gerät. »Na, dann los«, sage ich zu mir.

Was mag denn das sein? Der dickste Baumstamm, den ich je gesehen habe. Er hat mindestens einen Meter Durchmesser. Plötzlich wird der Baumstamm lebendig und verwandelt sich in eine Riesenschlange – eine Anakonda. Sie hat drei Köpfe und starrt mich drohend an. Ich muss ihren Schlaf gestört haben, überlege ich leicht nervös, denn Schlangen konnte ich noch nie leiden.

Schließlich bewegen ihre Köpfe sich in meine Richtung. Ein Teil meiner selbst bäumt sich vor Furcht auf, ein anderer starrt diese bildschöne, mächtige Kreatur fasziniert an. Dann kommt einer der Köpfe ganz nahe an mich heran.

»Was willst du eigentlich?«, zischt sie. »Wir sind uns deiner Beweggründe nicht ganz sicher.«

»Ich reise nur den Fluss hinunter, um zu meinen Freunden zurückzufinden.«

»Das haben wir nicht gemeint. Was *willst* du von uns? Welche Kräfte rufst du denn nun? Deine Absichten und deine Motive sind nicht klar.«

»Das ist nicht wahr! Ich bin ein guter Mensch«, schleudere ich der Schlange entgegen. Ihr anklagender Tonfall macht mich wütend. »Ich habe nichts falsch gemacht.« Dabei klopft mir das Herz bis zum Halse.

Sie wiederholt: »Du hast dir deine Absicht nicht klargemacht. Außerdem bist du dir der Kräfte, die du rufst, nicht bewusst. Sei vorsichtig in dem, was du anziehst.«

Und schon wendet sie sich ab und schwimmt tänzelnd davon. Die Stromschnellen nimmt sie mit, so dass das Wasser um mich herum nun ruhig ist.

Ich kann einfach nicht fassen, dass irgendein Wesen meine Absichten und die von mir angerufenen Mächte in Frage stellt. Meine Motive schienen mir immer sonnenklar: Ich möchte ein gutes Leben haben und anderen helfen, wenn ich kann. Und ich rufe überhaupt keine Kräfte an! Die Beschuldigungen dieses

Wesens, woher es auch immer gekommen sein mag, sind eine glatte Beleidigung!

Während ich mich dergestalt vor mir selbst verteidige, erwacht etwas in mir zum Leben. Dieses Etwas hat eine so feine Stimme, dass ich sie beinahe überhöre. Doch der Ratschlag, der mir erteilt wird, ist eindeutig: Ich solle über die Lehre, die mir die Anakonda erteilte, nachdenken, um ihren tiefen Sinn zu erfassen.

»Das werde ich nicht tun!«, rufe ich in die Stille hinaus.

Ich lenke das Kanu an den Strand, wo ich es festmache. Dann suche ich mir einen Baumstamm, lasse mich darauf nieder und werfe Kieselsteine ins Wasser. Ich sehe zu, wie die winzigen Wasserkreise immer größer und größer werden. Eine Wolke, die sich gerade am Himmel bildet, spiegelt sich im Wasser. Die kleinen Wellen, die über das Bild der Wolken dahinlaufen, wiegen mich in Trance.

Auf dem Wasserspiegel vor mir nimmt ein Gesicht Gestalt an – ein Männergesicht. Ein Chinese. Er hat eine recht hohe Stirn und sein weißes Haar ist ebenso lang wie sein Bart. Da ich mich immer für chinesische Philosophie interessiert habe, gefällt mir der Gedanke, jetzt einen chinesischen Lehrer zu haben.

Als seine Züge deutlicher erkennbar werden, spüre ich eine gewisse Vertrautheit. Tief innen weiß ich, dass ich ihn kenne. Schließlich wird mir klar, wer er ist: Dieser Mann ist Laotse, der berühmte chinesische Philosoph aus dem 6. Jahrhundert v. Chr.

Sein durchdringender Blick fällt durch das Wasser hindurch auf mich. Ohne alle Umstände sagt er: »Du hast alles vergessen, was ich dir beigebracht habe.« Und in der nächsten Sekunde ist er auch schon verschwunden.

Was er zu sagen hatte, schockiert mich zutiefst. Wie, so frage ich mich, kann ich überhaupt *etwas* vergessen, was er mich gelehrt hat? Ich kenne ihn nur als alten Weisen und habe niemals seine Werke studiert. Ich habe heute wohl keinen besonders guten Tag. Und was mir mitgeteilt wird, fällt heute nicht gerade auf fruchtbaren Boden.

Plötzlich schwingt sich ein Adler aus dem Himmel herab. Innerhalb von Sekunden hat er mich gepackt und trägt mich mit seinen riesigen Klauen empor. »Nun ist es Zeit, dass du dich von allem, worin du gefangen bist, loslöst. Komm mit in den Himmel. Dort wirst du alles anders sehen.«

Er trägt mich durch die Wolken in das All hinaus. Wir umfliegen mehrere Planeten. In der Ferne sehe ich den Mond und höre, wie er mich mit der Stimme einer Frau ruft. Doch der Adler steigt immer weiter hinauf.

Bald fliegen wir durch eine neue Wolkenschicht, immer weiter nach oben. Nun sehe ich eine Stadt voll strahlender Paläste. Sie sieht aus, als wäre sie ganz aus Kristall. Vom pastellfarbenen Licht berauscht, sehen wir uns die Stadt an.

Schließlich schwebt der Adler wieder mit mir hinab. Er setzt mich ab. Der Boden unter mir besteht hier – wie ich bemerke – aus winzigen Kristallen. Der Adler steht neben mir. Wir schauen auf einen großen Tempel. Auch dieser besteht aus Kristall. Das Licht bricht sich in funkelnden Strahlen an seinen Wänden. Der Adler breitet die Schwingen aus, und obwohl er sich ohne ein weiteres Wort von mir verabschiedet, spüre ich seine liebevolle Güte. Langsam beherrsche ich diese Art, ohne Worte zu kommunizieren.

Zwei weiß gekleidete Wesen treten aus dem Tempel heraus. Sie sehen aus wie Menschen – ein Mann und eine Frau –, eigentlich wirken sie aber mehr wie Lichtgestalten. Sie kommen zu mir herüber und stellen sich vor.

»Ich bin Jonathan«, sagt der Mann.

»Und ich Leah«, fügt die Frau hinzu.

Sie fassen mich bei den Händen. Dann sagen sie: »Komm, wir wollen dir etwas zeigen.«

Sie führen mich weg, scheinen dabei aber selbst über dem Boden zu schweben. Ich bin so viel körperlicher als sie, dass ich das Gefühl habe, nicht hierher zu gehören. Schließlich erreichen wir ein Becken, das von einem Wasserfall reinen Lichts gespeist wird – ein wundervolles Farbspiel ist zu sehen in den Pastellfarben Blau, Rosa, Gelb und Grün. Ein berauschend schöner Anblick. So hatte ich mir immer einen Ball im Königspalast vorgestellt. Die lichten Farben strömen alle in das Becken hinein, das aus reinem Bergkristall besteht – über und über mit Amethyst gesprenkelt.

Ich bemerke, dass einer der Wasserfälle breiter ist als die anderen. Darunter befindet sich eine Rutschbahn. »Eine Wasserrutsche! Das ist toll!«, rufe ich ausgelassen. Freude, Freude, Freude … darum geht es hier. Licht und Freude! »Wie albern«, denke ich eine Sekunde später, von meinem plötzlichen Gefühlsausbruch peinlich berührt.

»Weißt du, wer wir sind?«, fragt Leah in sanftem Singsang. In den Stimmen von Jonathan und Leah hallt tiefe, reine Liebe wider. Ihr ganzes Wesen scheint voller Harmonie zu sein.

»Nein«, antworte ich. »Und ehrlich gesagt ist es mir auch egal. Ich genieße einfach mein Hiersein.«

Jonathan und Leah lachen.

»Hier finden die Seelen Eingang in einen Körper«, erklärt Jonathan. »Sieh zu und behalt den großen Wasserfall im Auge.«

Ich tue, wie mir geheißen, und kann kaum glauben, was ich sehe: Von oben schweben Kristallkörbe herab, die bis oben hin mit Lichtkugeln gefüllt sind.

Das ist einfach zu viel für mich. Mein Kopf ist so voller Licht, dass ich mich fühle, als hätte ich Drogen genommen.

»Reines Licht«, summt Jonathan. »Diese Wesen sind reines Licht.«

»Sie werden in menschliche Körper geboren«, fügt Leah hinzu. »Daher bist du so gehobener Stimmung. Du spürst die Schwingungen der ungeheuren Energie dieser Lichtwesen, die sich auf die Geburt in der Welt unten vorbereiten.«

»Lieber Himmel, das wird ein ganz schöner Schock werden!« Die Worte purzeln sozusagen aus meinem Mund. »Wissen sie eigentlich, worauf sie sich da einlassen? Wissen sie, dass sie in ein Leben voller Schmerz und Leid geboren werden?«

Jonathan sieht mich liebevoll an und sagt: »Nein. Sie wissen immer, wer sie sind. Sie sind reines Licht. Wenn du das nicht vergisst, gibt es weder Schmerz noch Leid. Licht leidet nicht. Licht kennt keinen Schmerz. Licht weiß nur vom Licht.«

Und Leah fügt hinzu: »Deine Eltern haben ihr Licht vergessen. Und die Eltern deiner Eltern das ihre. Politische Unruhen hatten das Leben in dem Land, aus dem sie kamen, unerträglich werden lassen. Und die Schwierigkeiten der Auswanderung mit all ihren wirtschaftlichen Problemen trugen das ihre dazu bei, dass deine Vorfahren ihre spirituelle Entwicklung vernachlässigten. Daher haben sie den Kontakt zu ihren Ursprüngen verloren. Dieser wertvollen Erinnerung beraubt, lernten sie zu ihren Lebzeiten meist nur das Gefühl des Allein- und Getrenntseins kennen. Diese Isolation ruft gewöhnlich entweder Furcht oder Zorn hervor. Die traurige Wahrheit ist, dass es fast unmöglich ist, für andere Lichtwesen zu sorgen, wenn man vergessen hat, wer man ist.«

»Das Leben auf der Erde«, fügt sie hinzu, »soll dich daran erinnern, wer du wirklich bist.«

Ich schaue den Lichtwesen nach, die durch den Wolkentunnel nach unten in die Welt gleiten. Die Kehle wird mir eng und mein Herz ist schwer von Traurigkeit. Mit Tränen in den Augen rufe ich ihnen nach: »Viel Glück!«

Mit einem Ruck erwache ich. Als ich die Augen öffne, erkenne ich, dass ich wieder unter dem Baum sitze. Ein bisschen weiter weg sehe ich den kleinen Baummann und sein Kaninchen. Sie schlafen – wie der Rest des Waldes. Ich strecke mich auf dem Erdboden aus und sehe zum Himmel hinauf, an dem Millionen Sterne funkeln. »Was«, so frage ich mich, »haben wir bloß falsch gemacht? Wie sind wir nur in so einen Schlamassel geraten?«

Da fällt meine Aufmerksamkeit wieder auf den Mond, der gerade am Himmel erscheint. Ich spüre, dass er mich ruft. Aber ich weiß nicht, wie ich antworten soll.

Am Morgen breitet der Baummann eine Decke für uns aus, auf die wir uns zum Frühstücken setzen. In die Mitte stellt er Früchte und Beeren im Überfluss. Er muss sie im Wald gesammelt haben, während ich schlief.

Neugierig betrachte ich meine beiden Freunde. Sie strahlen dieselbe liebevolle Energie aus wie Jonathan, Leah und das erste Wesen, dem ich in der Anderswelt begegnete. Doch gleichzeitig scheinen sie mir tief in sich verankert, geerdet wie die Älteste aus dem Kreis der Frauen, denen ich im Traum begegnete.

Nach einem köstlichen Frühstück berichte ich meinen Freunden von meinem Traumabenteuer. Mit weit aufgerissenen Augen folgen sie meiner Erzählung von der dreiköpfigen Anakonda und von meiner Begegnung mit Laotse und den Lichtwesen Jonathan und Leah. Auch meinen Einsichten über die Inkarnation der Wesen auf der Erde lauschen sie mit Interesse.

»Meine Erfahrungen in der Kristallstadt haben mich ein wenig entmutigt«, gestehe ich dem kleinen Mann. »Obwohl ich in meinem Leben durchaus die Erfahrung reiner Liebe gemacht habe, verstricke ich mich doch meistens in das Gefühl des Getrenntseins von allem, wie du es mir beschrieben hast. Ich bin manchmal eifersüchtig, manchmal zornig. Auch wenn dies eine stille Form von Ärger ist. Ich schreie die Menschen, die mich wütend machen, nicht an, aber wenn sie wüssten, was in meinem Kopf vorgeht … Und dann fürchte ich mich ständig vor dem, was mir als Nächstes passieren wird. Wie kann ich mich an mein inneres Licht erinnern, wenn all diese Emotionen dauernd in mir aufsteigen? Wie kann ich Mitgefühl und Geduld entwickeln, wenn ich ständig kurz vor dem nächsten Ausbruch stehe?

Wahrscheinlich hatte die Anakonda völlig Recht. Ich habe meine Absicht nicht klar und deutlich formuliert, denn meine Wünsche stimmen nicht immer mit meinen Gedanken überein. Vermutlich stimmt auch das, was du sagst, nämlich dass es für mich noch nicht an der Zeit ist, all meine Kräfte kennen zu lernen. Was würde ich wohl alles anrichten, wenn ich mich vergesse, was so leicht geschieht?«

Mein Baumfreund sieht mich liebevoll an, während er mir erklärt: »Weißt du, solange ich dich kenne – und das ist weit länger, als du glaubst –, wolltest du alles immer sofort haben. Aber Spontanerleuchtungen halten nun mal nicht lange an. Der Bewusstseinszustand, den du zu erreichen suchst, ist eine Lebensaufgabe. Und um dorthin zu gelangen, ist es am besten, wenn du lernst, aus deinem gegenwärtigen Zustand herauszutreten und deine Bewusstheit wieder auf das zu lenken, was du wirklich bist.

Wenn Eifersucht, Ärger oder Angst dich überfluten, tritt aus der Situation heraus. Betrachte sie wie ein Schauspiel – von außen. Denn das Leben ist schließlich nicht mehr als ein äußerst intensives Theaterstück. Du hast die Wahl: Entweder nimmst du deine Rolle so ernst, dass das Drama dich auffrisst. Oder du denkst daran, dass du schließlich nur eine Rolle spielst. Doch hab Geduld. Diese Perspektive stellt sich nur allmählich nach vielem Üben ein. Für den Augenblick genügt es, wenn du dich auf dein wahres Selbst konzentrierst.

Dasselbe gilt für deinen angeblich so stillen Ärger. Stillen Ärger, meine Liebe, gibt es nämlich nicht. Auch nicht ausgelebte Emotionen senden ihre Schwingungen hinaus ins All, denn hinter jedem Gefühl steckt Energie. Es geht also letztlich darum, wie man diese Gefühle ausdrückt, ohne die Energie in die Welt hinauszuschleudern. Dieses Thema wird auf deiner Reise immer wieder auftauchen.

›Und wie soll das alles funktionieren?‹, höre ich dich nun fragen. Nun, zunächst indem du erkennst, dass dein kleines Ich Angst hat. Und dann wirst du dich einfach auf das besinnen, was du wirklich bist – denn dein wahres Selbst kann nicht verletzt werden.

Es ist eigentlich ziemlich einfach. Nur ihr Menschen macht das Leben immer so kompliziert. Ihr sucht immer nach außergewöhnlichen Erfahrungen, die euch in Ehrfurcht erstarren lassen oder retten sollen. Dabei musst du dich nur daran erinnern, wer du wirklich bist. Das ist alles!«

Eine ähnliche Botschaft hatte mir bereits meine erste Lehrerin in der Anderswelt gebracht. »Ich höre deine Worte«, antworte ich, »aber ich verstehe sie noch nicht richtig.«

»Wie sollst du sie auch verstehen, wenn dir die praktische Erfahrung fehlt?«

»Wie kann ich damit eine praktische Erfahrung machen?«

»Nun, wir werden eine Reise zum Urgrund deiner Seele unternehmen.«

Mein Baumfreund deutet mir an, mich auf die Decke zu legen und meine Augen zu schließen. Dann summt er: »Konzentriere dich einfach nur auf deinen Atem. Beobachte ihn. Versuch nicht, deine Gedanken zu stoppen. Schau ihnen einfach nur zu.«

Ich folge seinen Anweisungen, erleichtert, dass ich meinen ewig plappernden Verstand nicht abstellen muss, und mit dem Atmen beruhigen sich auch meine Gedanken. Ein Gefühl von Frieden steigt in mir auf.

»Atme ein wenig tiefer in deinen Körper hinein. Zieh den Atem von deinen Lungen bis in den Bauch hinab. Atem ist Leben. Lass also jede Zelle deines Körpers sich mit Leben füllen.«

Ich bin froh, dass ich liege, denn langsam erfasst mich eine leichte Benommenheit.

»Achte immer auf deine Gefühle und Gedanken, während du einfach weiteratmest«, fügt er hinzu.

Je tiefer ich atme, desto mehr verliere ich das Gefühl für meine Grenzen. Ich kann nicht mehr unterscheiden, wo mein Körper aufhört und wo der Erdboden beginnt. Ich dehne mich aus wie ein Luftballon, der aufgeblasen wird, doch meine Haut bleibt dabei durchlässig.

Die Stimme meines Lehrers wird schwächer: »Ich werde jetzt zwei Stöcke zusammenschlagen. Dieser Laut wird dir helfen, den Fokus zu bewahren. Ich möchte, dass du dabei Folgendes wiederholst: ›Ich möchte erfahren, wer ich wirklich bin.‹ Denk nicht darüber nach, für wen du deine Absicht formulierst. Stell dir vor, dass du einen lautlosen Ruf ins Universum sendest.«

Ich dehne mich immer weiter aus, aber langsam fühle ich, wie sich irgendwo in der Mitte meines Körpers eine Vision herauskristallisiert. In diesem Bild gehe ich auf ein Feuer zu. Um die Flammen liegen ein Löwe, ein Tiger, ein Adler und eine Boa constrictor. Zischend und fauchend laden sie mich ein, näher zu kommen. Irgendwie weiß ich, dass mir diese gefährlichen Tiere nichts tun werden. Entweder bin ich völlig furchtlos oder völlig einfältig geworden – was von beiden es ist, darüber bin ich mir noch nicht im Klaren. Doch auch diese Unsicherheit stört mich nicht weiter.

Als ich auf sie zugehe, gehen sie in Angriffsstellung. Der Löwe entblößt seine Zähne, legt die Ohren an und schwingt seinen Schwanz wie eine Peitsche hin und her, als würde er sich zum Todessprung bereitmachen. Der Tiger stößt ein lautes Brüllen aus, das mir die Haare zu Berge stehen lässt. Der Adler flattert auf und scheint sich mit gezückten Krallen auf mich stürzen zu wollen. Und die Boa zischt mich an. Doch eine gewaltige Kraft schiebt mich von hinten an den Tieren vorbei ins lodernde Feuer. Ich werde also bei lebendigem Leibe verbrennen. Meine geheimsten Ängste haben sich bewahrheitet.

Doch als meine Haut Stück für Stück in Flammen aufgeht und zu Asche verbrennt, fühle ich keinerlei Schmerz. Ich *bin* nichts.

Dergestalt zu reinem Bewusstsein geworden, reise ich dorthin, wo das Bewusstsein noch nicht existiert. Dieser unbeschreibliche, graue Ort kommt vor dem Denken, vor der Schöpfung, ja, noch vor dem Nichts, denn selbst das Nichts ist schon ein Gedanke. Mein Denken hört auf.

Hier vergeht die Zeit nicht, denn es existiert nichts. Auch der Tod nicht, da hier noch nichts geboren wurde. Ich habe keinerlei Bewusstheit meiner selbst mehr.

An einem bestimmten Punkt verlasse ich diesen Ort, auch wenn ich nicht weiß wie. Vielleicht hat ein Gedanke mich herausgetragen. Aber wie, wenn doch kein Gedanke in diese Sphäre eindringen kann? Alles, was ich weiß, ist, dass ich jetzt im pechschwarzen Nichts treibe. Eine Stimme spricht zu mir: »Hier nimmt alle Schöpfung ihren Ausgang.«

Plötzlich spüre ich, dass das Nichts hier eine andere Qualität aufweist. Nichts, und doch alles, ist da … kein Leben, und doch der Ursprung allen Lebens.

Ein Gedanke nimmt Form an: »Wie kann das sein?« Die Antwort ist ein geradezu ohrenbetäubendes Schweigen.

Ein anderer Gedanke: »Wer ist dieses ›Ich‹, das da durchs Nichts treibt?« Auch hier bleibt die Antwort aus.

Ich gleite durch einen hell leuchtenden Stern, mit dem ich verschmelze. Ich bin ein Stern. »Oder bin ich ›Ich‹?«

Ein Chor erklingt: »Du bist ein Stern. Du bist ein leuchtender Stern. Steig hinab auf die Erde und leuchte. Das ist deine Aufgabe. Steig hinab zur Erde und *leuchte* ihr.«

Ich bin Licht – das ist alles. Keine Wünsche, keine Gefühle, keine Gedanken. Alles, was ich brauche, ist in diesem strahlenden Licht der Liebe enthalten, das keine Urteile kennt, in dem es weder ein Bewusstsein für mein Selbst noch für das anderer Menschen gibt.

Da ich Licht bin, gleite ich durch den Raum. Dann steige ich wieder hinab. Eine Art Bewusstheit scheint sich herauszubilden – das Bewusstsein einer Aufgabe, einer Mission. Gleichzeitig scheine ich mich vom Ursprung meines Wesens zu lösen. Doch kein Grund zur Sorge. Ich bin immer noch Bewusstsein. Zuerst war ich ein Licht, das mit dem ganzen Universum verbunden war. Jetzt bin ich ein einzelnes Licht.

Ich lasse mich fallen, bis ich Planeten um mich herum wahrnehme. Einer davon ist die Erde, die blau strahlend im All schwebt. »Dieser wasserbedeckten Welt möchte ich Licht schenken«, beschließe ich. Aber wie soll ich dorthin gelangen? Ich lasse mich weiter fallen, bis ich aus der Dunkelheit heraustrete und mich plötzlich zwischen lichten Wolken wieder finde. Diese tragen mich zu einem Brunnen voll schimmernder Lichter. Ich sehe, dass ich mich – zusammen mit anderen Lichtkugeln – in einem kristallenen Korb befinde. Obwohl wir voneinander getrennt erscheinen, sind wir doch vom selben Wesen.

Sanft werden wir aus dem Korb gekippt und lassen uns vom Wasser tragen.

Im nächsten Moment finde ich mich in einem Tunnel wieder

– einem dunklen Tunnel. Ich möchte hier weg. *Ich will hier raus*!

Ich schwimme durch die Dunkelheit. Als ich endlich ein Licht wahrnehme, bewege ich mich schnell darauf zu. Das Licht ist zu hell! Das Licht ist viel zu hell! Es ist nicht mein Licht, sondern eine Art künstlicher Schein. »Wartet!«, rufe ich aus, »ich habe einen Fehler gemacht. Ich will zurück.«

Licht, Wände, raue Stimmen, schließlich ein Klaps.

»Wo bin ich?«, frage ich mich. »Und wer bin ich?« Ich erinnere mich nicht mehr an den Stern, von dem ich komme.

Mit einem Mal höre ich das Klicken der Stöcke wieder. Sie schlagen schnell aneinander. Dann dringen Worte in mein Bewusstsein: »Komm zurück. Komm langsam zurück. Folge meiner Stimme, sie trägt dich heim. Ich warte hier auf dich. Ich möchte mit dir feiern, dass du erkannt hast, wer du bist. Ich bin hier, um dich zu Hause willkommen zu heißen.«

Die Stimme klingt sanft und einladend. Unfähig, mich ihrem Drängen zu entziehen, folge ich den liebevollen Worten zurück ins Land der Bäume, wo mein Baumfreund und sein treuer Gefährte auf mich warten.

Ich setze mich auf und spüre die Decke unter mir. Irgendwie versuche ich mich von neuem in meinem Körper zurechtzufinden. Meine Ohren rauschen und ich sehe nur sehr verschwommen. Mein Baumfreund steht neben mir und reicht mir etwas zu trinken. Dann reicht er mir einen Becher mit einer grünen Flüssigkeit.

»Was ist das?«, frage ich.

»Ein Kräutertrank aus Pflanzen, die sich erboten haben, dir bei deiner Rückkehr zu helfen.«

»Ich weiß zwar nicht, was du damit meinst, aber im Moment

geht mir ohnehin zu viel im Kopf herum. Daher verlasse ich mich einfach mal auf das, was du sagst. Würdest du mich bitte daran erinnern, dass ich dich noch einmal nach diesen Pflanzen frage?«

»Natürlich«, antwortet er. »Trink jetzt einfach und öffne dich für das Geschenk der Pflanzen.«

Ich trinke die grüne Mixtur und spüre sofort, wie es mir besser geht. Ich hänge nicht mehr länger zwischen den Welten, kann aber meine Umwelt nur wie durch einen Schleier wahrnehmen. Auch das Summen in meinen Ohren verschwindet. Der Nebel scheint sich gelichtet zu haben.

»Gehen wir ein bisschen spazieren!«, sagt der Baummann zu mir.

Ich stehe ganz langsam auf. Ich möchte das, was ich erfahren habe, jetzt nicht gehen lassen. Das ist das Letzte, was ich jetzt will. Gemächlich schlendern wir durch den Wald. Der Boden unter meinen Füßen fühlt sich warm an. Er scheint mich zu unterstützen, als ob die weiche Erde mich willkommen hieße. Die Schwerfälligkeit, die sonst jede meiner Bewegungen begleitet, ist weg. Ich gehe graziös, mit fast traumwandlerischer Sicherheit. Bei jedem Schritt spüre ich, wie ich mit der Erde verbunden bin. Ich bin lange nicht mehr so tapsig wie früher.

»Du hast mir vom Getrenntsein erzählt«, sage ich zu dem kleinen Mann. »Auf meiner Reise empfand ich zuerst die vollkommene Einheit mit der Quelle allen Lebens, dann aber wurde ich von ihr getrennt. Irgendwo tief in mir verstehe ich das jetzt, aber ich möchte gerne mehr darüber wissen.«

Er geht nicht langsamer, als er zu sprechen beginnt: »Du hast dich doch immer wieder gefragt, weshalb die Wesen, die dir in der Anderswelt begegnen, deine Gedanken lesen können. Telepathie fasziniert dich, nicht wahr?«

»O ja«, antworte ich. »Als ich noch ein kleines Mädchen war, interessierte ich mich sehr für alle übersinnlichen Phänomene. In der 12. Klasse schrieb ich einmal eine Hausarbeit über Telepathie. Das Thema hat mich immer schon fasziniert.«

»Wenn ich weiß, was du denkst, so liegt das nicht daran, dass ich deine Gedanken lese. Nein, ich bin einfach ein Teil von dir. Ich bin kein Einzelwesen, das dich als anderes Einzelwesen zu verstehen versucht. Ich bin du und *erlebe so dein Inneres*. Ich empfinde, was du fühlst, und höre, was du denkst. Deine Gedanken hallen in mir wider. Ich kann sie genauso laut hören wie du, während du denkst.

Man hat dir erzählt, dass du bis zu deinem vierten Lebensjahr nicht sprechen wolltest. Das stimmt aber nicht. Du hast sehr wohl gesprochen, aber eben nicht hörbar. Da deine Umgebung aber so wenig sensibel für diese Dinge war, konnte sie deine Antworten nicht wahrnehmen. Daher hast du diese Art von gesteigerter Bewusstheit abgelegt und den Lebensmodus der Erwachsenen um dich herum angenommen.

In deiner Kultur werden Kommunikation ohne Sprache und unsichtbare Welten nicht akzeptiert. Dadurch ging ein großer Teil eurer Bewusstheit verloren. Für den Augenblick solltest du verstehen, dass wir alle eins sind. Wir sind ein Geist. Sobald du dies richtig begriffen hast, wird es dir leicht fallen, die Gedanken anderer zu hören.

Du fragst dich vermutlich immer noch, wo du eigentlich bist. Deine Reise nahm ihren Ausgang in einem Krankenzimmer in der alltäglichen Welt, und du glaubst wahrscheinlich, dass du schon viele verschiedene Orte gesehen hast, seit du hier angekommen bist. Doch wo sind diese Orte? Wenn du dich recht erinnerst, sagte deine erste Lehrerin dir, dass ›innen‹ und ›außen‹ genau dasselbe sind.« Hier macht er eine kurze Pause, um mir Gelegenheit zu geben, mir die Worte der Frau in Mitternachtsblau ins Gedächtnis zu rufen.

»Ja, ich erinnere mich. Und ich frage mich wirklich, wo ich bin. Bin ich in einer anderen Welt? Oder träume ich das alles nur?«

»Ob du jetzt außerhalb oder innerhalb deiner selbst reist, das ist gleichgültig. Wie oben, so unten – wie innen, so außen. Diese Erkenntnis ist bei den spirituell Interessierten deiner Zeit doch sehr verbreitet. Es gibt keine Trennung zwischen den Kategorien. Ich existiere außerhalb deiner selbst, doch ich lebe auch in dir, so dass ich letztendlich du bin. Siehst du nicht, dass alles eins ist?«

»Eigentlich sollten deine Worte mich ja verwirren, aber in Wirklichkeit verstehe ich, was du sagen willst. Vielleicht hat die kraftvolle Reise, auf die du mich geschickt hast, etwas damit zu tun. Ich weiß nur nicht, was ich mit diesem Wissen anfangen soll. Bitte fahre fort.«

»Okay«, meint er. »Sehen wir uns nun einmal die Kehrseite dieser Sichtweise an. Denk an das Krankheitsbild der Allergie.«

»Der Allergie?«, frage ich, schockiert darüber, dass etwas so Banales Teil der mir gegebenen Lehren sein soll.

»Du hältst dich doch für ein Opfer verschiedenster allergischer Reaktionen, nicht wahr?«

»Ja.« Ich möchte wissen, was meine Allergien mit der Vorstellung vom »einen Geist« zu tun haben.

»Wenn du eine allergische Reaktion erlebst, teilt dein Gehirn deinem Körper mit, dass ein Feind von außen eindringt. Da das Gehirn den Körper in Gefahr glaubt, veranlasst es die Ausschüttung von Histaminen, um den angeblichen Feind zu bekämpfen. Der Körper kämpft also gegen einen Feind an, der keiner ist. Dies ist ein deutliches Zeichen dafür, dass der Betreffende sich von seiner Umwelt isoliert sieht. Alles, was von außen eindringt, wird als Feind erlebt, gegen den es ins Feld zu ziehen gilt.

Wenn du mit dem scheinbaren Feind verschmelzen könntest, würdest du verstehen, dass das Leben selbst in dich eindringt und dass dies keinerlei Bedrohung darstellt. Ohne Bedrohung aber kommt es nicht zur Mobilisierung der Abwehrtruppen, so dass du weiterhin in Harmonie mit deiner Umgebung leben könntest.«

»Wenn das wahr ist, gilt dasselbe für meinen Krebs«, antworte ich. »Kann ich meinen Tumor als Teil meiner selbst sehen, dann ist er nicht mehr mein Feind. Er würde mein Wohlergehen nicht mehr bedrohen. Könnte ich mich nicht mit meinem Tumor aussöhnen?«

»Natürlich. Wenn du einen hättest.«

»Aber natürlich habe ich einen. Nur deshalb bin ich hier. Man wollte mir gerade operativ eine krebsartige Geschwulst entfernen, als ein Erdbeben kam und mich in deine, vielmehr meine Welt brachte«, antworte ich ungeduldig.

»Du hast keinen Tumor«, wiederholt er nachdrücklich. »Die Ärzte haben sich geirrt. Wenn du wieder aus der Narkose aufwachst, wird man dir sagen, dass du gar keine Geschwulst hattest, und der Chirurg wird sich zerknirscht für den Fehler entschuldigen.«

»Woher weißt du das alles?«, frage ich aufgeregt.

»Weil du es mir gesagt hast. Du hast es die ganze Zeit über gewusst. Der Teil deiner selbst, der über dein Ich hinausgeht, wusste es immer schon. Du weißt nur noch nicht, wie du diesen Teil erreichen kannst. Das ist alles ziemlich viel auf einmal. Möchtest du eine Pause machen?«

Ich sehe zum klaren, blauen Himmel hinauf. Es stimmt, langsam schwirrt mir der Kopf, und trotzdem möchte ich mehr wissen. Ich möchte endlich ans Ende dieser Geschichte kommen.

Und wieder kann mein Baumlehrer meine Gedanken lesen. »Diese Geschichte hat kein Ende. Immer wenn du glaubst, du bist am Ende angekommen, erlebst du einen Neubeginn. Es gibt keinen Ort, an dem du ankommen könntest. Alles, was zählt, ist die Reise selbst.

Komm, wir legen eine kleine Pause ein. Lass uns schweigend zur Lagune zurückgehen. Ich möchte, dass du dort jemanden triffst.«

Langsam wandern wir zurück. Das Kaninchen folgt uns. In meinem Kopf schießen die Gedanken durcheinander – Getrenntsein, Telepathie, Allergien. Wie komplex und gleichzeitig einfach dies alles zu sein scheint!

Mit einem Mal gerät das Bild von Laotse wieder vor mein geistiges Auge. Ich sehe ihm in die Augen und erkenne einen wunderschönen, langen Fluss darin. Das Wasser fließt zu einem Wasserfall und von dort aus weiter in den mächtigen Ozean – zurück zu seinem Ursprung.

So plötzlich wie sie begonnen hat, ist die Vision wieder vorbei. Ein Teil von mir hat sich geöffnet und nun gleiten Gedanken, Gefühle und Erinnerungen an die Oberfläche.

Schließlich erreichen wir die Lagune. Als ich mich umdrehe, bemerke ich, dass das Kaninchen weg ist. Zum ersten Mal, seit ich den Weg aus der Höhle gefunden habe, bin ich mit dem kleinen Mann allein.

»Komm mit mir ans Wasser«, drängt er. »Knie nieder und betrachte dein Spiegelbild im Teich.«

Ich tue, wie mir geheißen, und studiere mein Bild auf der stillen, klaren Wasseroberfläche.

»Tauche nun durch dein Spiegelbild ins Wasser und folge mir«, befiehlt er und springt ins Wasser.

Ohne zu fragen, tauche ich durch mein Bild ins Wasser ein und gleite durch einen steilen Tunnel nach unten. Das Atmen unter Wasser scheint mir überhaupt keine Schwierigkeiten zu machen. Ich durchquere den langen Korridor und sehe am anderen Ende ein Licht. »Oje«, denke ich, »schon wieder ein Licht am anderen Ende.« Bilder von meiner traumatischen Geburtserfahrung tauchen auf.

Doch dieses Mal gelange ich in eine völlig neue Welt. Plötzlich stehe ich inmitten leuchtend grüner Wiesen. Die Sonne scheint und der Wind streicht wispernd durch das hohe Gras. Ringsum blühen wilde Blumen. Dieser Ort strahlt die bezaubernde Magie unberührter Natur aus.

Irgendetwas bewegt sich auf uns zu. Der Boden vibriert regelrecht. Die schwankenden Grashalme rascheln. Das Gras ist so hoch, dass ich nicht sehen kann, was da auf uns zukommt. Auch meinen Freund kann ich kaum erkennen.

Schließlich hält dieses »Etwas« in der Bewegung inne. Die natürliche Schwingung der Wiese wird wieder spürbar. Ich merke, wie eine neue Energie auf uns zukommt. Doch was oder wer mag das sein?

Da tritt ein Tiger aus dem hohen Gras und begrüßt uns. Ein Tiger, der uns begrüßt? Ich muss träumen!

Als das Tier näher kommt, bemerke ich etwas Seltsames: Er hat ein blaues und ein grünes Auge. Da legt er mir schon die Tatzen auf die Schultern und sieht mir direkt in die Augen. »Streich mir über den Kopf«, bittet er mich wortlos.

In meinen wildesten Phantasien hätte ich mir nicht träumen lassen, dass ich einmal einer ausgewachsenen Großkatze wie dieser über die Ohren streicheln würde. Trotzdem versenke ich meine Hand in sein Fell, das sich zwischen meinen Fingern weich und seidig anfühlt. Mit der anderen Hand klopfe ich liebevoll auf seinen Rücken. Sein Körper strahlt eine ungeheure Kraft und Stärke aus. Diese enorme Energie übermannt mich fast.

Wiederum ohne Worte teilt er uns mit, dass wir auf seinen Rücken steigen sollen. Mein Baumfreund sitzt direkt hinter dem Kopf des Tigers auf und hält sich an seinem Nackenfell fest. Ich setze mich hinter ihn und umfange seinen Körper mit meinen Armen.

Der Tiger setzt sich in Trab, und während wir so durch die Wiesen eilen, streift der Wind durch mein Haar und nimmt alle Gedanken mit, so dass mein Kopf nicht mehr so voll ist. Gras und Blumen neigen sich zur Seite, um uns willkommen zu heißen. Die roten, gelben, purpurfarbenen Blütenköpfchen scheinen auf dem Meer grüner Gräser zu tanzen und ihr Haupt gegen den strahlend blauen Himmel zu erheben.

In der Ferne erkenne ich die schwachen Umrisse einer Bergkette. Sie scheint mehrere Tagesreisen entfernt zu sein, doch der Tiger ist so schnell, dass es nur einen Augenblick dauert, bis wir die Ausläufer der Berge erreicht haben. Der Berg selbst ist eher klein, verglichen mit denen, die ich kenne. Kein einziger Baum wächst dort. Er besteht ganz aus Felsen und schwarzbrauner Erde.

Im Näherkommen bemerke ich eine Öffnung am Fuß des

Berges. »O nein«, sage ich zu mir, »nicht schon wieder eine Höhle.« Von der Dunkelheit habe ich die Nase eine Zeit lang gestrichen voll.

»Entspann dich«, sagt mein Baumfreund. »Wir suchen jetzt einen ganz besonderen Ort auf.«

Der Tiger hält direkt vor der Höhle an. Der kleine Mann springt hurtig herunter, während der Tiger in die Knie geht, damit ich absteigen kann. Da unser Ritt doch recht lange gedauert hat, spüre ich meine Füße kaum. Noch recht wacklig auf den Beinen, folge ich dem Baummann und dem Tiger zur Höhle. Im Gegensatz zu meiner ersten Erfahrung ist hier der Eingang so groß, dass Tageslicht in die Höhle dringen kann.

Wir treten ein. Das Schauspiel, das sich meinen Augen bietet, raubt mir fast den Atem. Wände und Decken sind von großen Kristallen bedeckt: Bergkristall, Amethyst, grüner Fluorit, pink- und goldfarbener Topas. Dazwischen finden sich funkelnde Rubine, Smaragde und goldene Pyrite. »Der Traum jedes Mineralogen!«, denke ich bei mir. Doch für den Augenblick ist es mein Traum. Ich möchte diesen Kraftort betreten. Die Höhle ist nicht tief. Am Boden spüre ich die Erde unter meinen Füßen. Inmitten all der Kraftfelder der Kristalle erdet sie mich.

»Ich sagte dir doch, dass ich dich an einen ganz besonderen Ort bringen würde«, meint der Baummann. »Setz dich jetzt auf den Boden, schließ die Augen und nimm das Licht der Kristalle in dich auf. Diese Höhle hat heilende Qualitäten. Du kannst sie aufsuchen, wann immer es dir nötig erscheint. Lass einfach nur das Licht um dich herum – und durch dich hindurchfluten. Auf diese Weise wirst du dich an dein eigenes Licht erinnern.«

Ich folge seinen Anweisungen und spüre, wie das Licht sich in meinem Körper ausbreitet. Sofort fühle ich eine tröstliche Ruhe, eine sanfte Energie in der Luft und in der kühlen, lebendigen Erde unter mir.

Als ich die Augen wieder öffne, sehe ich, dass meine Freunde in der Mitte der Höhle ein kleines, wärmendes Feuer angezündet haben. Macht umgibt mich – die Macht der Kristalle, des Feuers, des Tigers. Die Macht meines Baumfreundes und die der Erde. Doch dies ist eine sanfte Form der Macht, anders als die gewalttätige, dominante, auf Kontrolle ausgerichtete Missbrauchsenergie, die ich gewöhnt bin. Die Weichheit dieser Macht ist köstlich.

Der Tiger streckt sich lang auf dem Boden aus und legt seinen Kopf auf die Vorderpfoten. Das Männlein sitzt einfach da und starrt in die Flammen. Ich selbst sitze im Schneidersitz und betrachte meine Freunde im Licht des Feuers und der Kristalle.

Schließlich beginnt der Baummann zu sprechen: »Bist du dir der großen Enttäuschung deines Lebens bewusst?«

»Welche meinst du? Ich habe viele erlebt.«

»Glaubst du, dass die Menschen deiner Umgebung dich als das wahrnehmen, was du wirklich bist?«

»Oh, *diese* Enttäuschung also. Nein, ich hatte nie das Gefühl, dass die Menschen, mit denen ich zu tun habe, mich so sehen, wie ich wirklich bin. Vielleicht finde ich ja jetzt, wo mein eigenes Bewusstsein sich verändert hat, Menschen, die mein wahres Selbst sehen.«

»Deine Bemühungen könnten vergeblich sein und dir neue Enttäuschungen eintragen, denn die Menschen deiner Zeit erleben sich als getrennt vom Rest der Welt. Daher projizieren sie ihre Gedanken und Gefühle auf die anderen. Wenn sie nun glauben, die Umwelt wahrzunehmen, werden in Wirklichkeit also nur Aspekte ihrer eigenen Persönlichkeit auf sie zurückgespiegelt.

Jeder Mensch projiziert natürlich ganz unterschiedliche Qualitäten. Der eine erlebt vielleicht seinen Ärger in anderen Menschen, der andere seine Traurigkeit. Wieder andere sitzen vor einem spirituellen Meister und lassen sich ihr Licht und ihre Liebe spiegeln.

Zum Problem wird dies erst, wenn man nicht um die Projektion weiß und die gespiegelten Qualitäten den Menschen seiner Umgebung fest zuschreibt. Eine Frau kann sich beispielsweise von der Wut ihres Partners abgestoßen fühlen, erkennt aber nicht, dass es ihre *eigene* Wut ist, die sie nicht mag. Konsequenterweise verurteilt sie ihren Partner, statt die Projektion in ihre

Persönlichkeit zu integrieren. Dieser gefährliche Zustand ist in deiner Zeit leider gang und gäbe.

Ich will dir noch ein anderes Beispiel geben: Ein Mann, der mit einem weisen und mitfühlenden Lehrer arbeitet, schreibt die Liebe, die eigentlich in ihm ist, wahrscheinlich seinem Meister zu. Dieses Verhalten schafft künstliche Abhängigkeiten und führt daher zu schwer aufzulösenden Illusionen.

Wenn jemand nun all das, was er an sich mag oder nicht mag, auf einen anderen projiziert, hat dies gravierende Missverständnisse zur Folge, denn tatsächlich kann niemand eine sinnvolle Beziehung mit sich selbst eingehen, solange dieser Mechanismus der Projektion am Werk ist.«

»Willst du damit sagen, dass niemand je erkennen wird, wer ich wirklich bin?«, frage ich.

»Jeder, der dich durch die Augen seines Ego und seiner Persönlichkeit betrachtet, wird in dir nur sehen, was in ihm selbst ist.«

»Das ist ja deprimierend!«

»Nicht unbedingt. Alles, was zählt, ist, dass du weißt, wer du in Wahrheit bist.«

»Für mich hört sich das ziemlich einsam an.«

»Du wirst keine Einsamkeit empfinden, wenn du deine Projektionen zu erkennen beginnst und dein inneres Licht leuchten lässt.«

»Woher willst du das wissen?«

»Deine innere Weisheit hat es mir gesagt.«

Nach einer kleinen Pause fährt er fort: »Alle Menschen wünschen sich, dass ihre Schönheit von anderen wahrgenommen wird. Alle Menschen möchten geliebt werden. Aber der erste Schritt dazu ist die Liebe zu dir selbst, die du erweckst, indem du dich an dein inneres Licht erinnerst. Wann immer du dich von anderen Menschen getrennt fühlst, solltest du daran denken, dass dies nur eine Illusion ist, die dein Verstand erzeugt hat, nichts weiter.«

»Aber wie soll ich mit diesem Bewusstsein mein Leben leben? Ich muss morgens schließlich aufstehen und zur Arbeit gehen.

Ich muss mich im Verkehr bewähren, im Supermarkt und in der Bank. Wenn ich mich ständig als schwebendes Licht visualisiere, wie soll ich meine Arbeit vom Tisch kriegen? Und die Einweisung ins Irrenhaus vermeiden?«

»Gute Frage! Der Körper ist es, der den Geist trägt. Je größer dein spirituelles Bewusstsein wird, desto stärker muss dieses Gefäß sein. Wenn du also dieses neue Bewusstsein deiner selbst in dein Alltagsleben mitnimmst, achte darauf, dass du dich um deinen Körper kümmerst. Vergiss nicht, dass er dich aufrechterhält.«

»Heißt das, dass ich an Gewicht zulegen muss, um das zu stärken, was meinen Geist transportiert?«, frage ich entsetzt.

»Aber nein«, kichert er. »Dein Selbst muss einfach stärker werden. Schließlich willst du nicht, dass dir die Sicherungen durchbrennen, oder?«

An diesem Punkt brechen wir beide in Gelächter aus.

Während der ganzen Zeit hatte der Tiger – an unseren philosophischen Gesprächen scheinbar nicht interessiert – ins Feuer gestarrt. »Ich nehme an, der Tiger wird mir beibringen, wie ich meinen Körper stärken kann«, sage ich lachend.

»Dein Lachen ist großartig. Du solltest viel öfter lachen.«

Wir drei verlassen die Höhle gemeinsam. Draußen besteigen wir von neuem unser prachtvolles Reittier und lassen uns zurück zu den Wiesen tragen.

Mir ist wunderbar leicht, als wir vom Rücken des Tigers gleiten. Von seiner Last befreit, stößt er ein durchdringendes Brüllen aus und fängt an, uns durch die Büsche zu jagen. Wir rennen im Kreis durch das hohe Gras und spielen Fangen. Plötzlich springt der Tiger mich an. Sein Kopf schwebt direkt vor meinem. Er fletscht die Zähne und brüllt. Auch ich gehe in Katzenstellung, entblöße meine Zähne und fauche wild. Mit der einen

Hand schlage ich nach seinem Gesicht. Er schlägt zurück, und schließlich rollen wir beide am Boden herum, während wir uns spielerisch anknurren und –fauchen.

»Dieses Spiel hat einen Sinn«, schießt es mir durch den Kopf. »Ich lerne jetzt, meine Kraft zu gebrauchen.« Dann denke ich an das, was der Baummann mir gesagt hat: Der Weg zählt, nicht das Ziel. Also höre ich auf, Schlüsse zu ziehen, denn der Tiger wird mich noch eine Weile durchs Leben begleiten.

Völlig erschöpft lasse ich mich ins weiche Gras fallen. Mein Atem geht schnell. Ich bin nicht gerade gut in Form. Schließlich habe ich schon seit einer Ewigkeit nicht mehr gespielt. Ich war ja immer so sehr mit Arbeit, Politik und Überleben beschäftigt.

Das Herumtollen mit dem Tiger hat mich noch mehr entspannen lassen ... Ich werde meine Wertmaßstäbe verändern müssen. Ich habe vergessen, wer ich bin und wie heilsam die Natur ist. Ich habe sogar vergessen, wie man lacht. Diese Eckpfeiler jeder Existenz liegen bei mir unter Unmengen Papier begraben. Ich werde sie ausbuddeln müssen. Der Gedanke an den Berg von Aufgaben, die in meinem alltäglichen Leben auf mich warten, lässt mich erschauern.

»Lenk dich nicht von der gegenwärtigen Erfahrung ab«, warnt mich mein Baumfreund, der einmal mehr meine Gedanken erahnt hat. »Bleib im Augenblick. Wie einer deiner früheren Lehrer einmal sagte: ›Sorgen tragen dich entweder in die Vergangenheit oder in die Zukunft, niemals in die Gegenwart. Bring deine Aufmerksamkeit einfach in die Gegenwart zurück, wenn du bemerkst, dass du abschweifst.‹«

»Heißt das, ich soll nicht über meine Vergangenheit nachdenken?«, will ich wissen.

»Nein, die Vergangenheit kann dir helfen, deine Perspektive zu erweitern. Du kannst dabei lernen, wie deine früheren Erfahrungen deine gegenwärtigen Gedanken und Entscheidungen beeinflussen. Dies ist ein sehr wichtiger Schritt. Jemand, der erkennt, welche Kräfte sein gegenwärtiges Leben bestimmen, kann sich frei für etwas anderes entscheiden. Beschäftigst du dich aber mit der Vergangenheit, ohne diesen Schritt hin zu mehr Bewusstheit zu tun, dann erschaffst du nur alte, schmerzhafte Muster neu. Erinnerst du dich: Nur du hast die Macht, dein Leben zu verändern!«

Er wartet meine Antwort nicht ab, sondern fährt gleich fort: »Es gibt Zeiten, in denen es richtig ist, die Vergangenheit kontemplativ zu betrachten, und andere, in denen du im gegenwärtigen Augenblick bleiben solltest. Wenn du dich in die Zukunft oder die Vergangenheit geflüchtet hast, um der Gegenwart zu entgehen, dann versuch einfach, einen Weg zurück zu finden, damit du die Gefühle im Hier und Jetzt genauer ansehen kannst.«

»Ich frage mich ohnehin, warum ich der Gegenwart so gerne aus dem Weg gehe.«

»Nun, die Gegenwart hält manchmal Gefühle für uns bereit, die wir lieber vermeiden. Außerdem musst du, um in der Gegenwart zu sein, voll und ganz lebendig sein. Und das willst du nicht immer. Es scheint, als würdest du das Leben selbst meiden wollen.«

»Das Leben ist mir häufig zu schwierig: In meinem Körper fühle ich mich nicht besonders wohl. Mir fehlt es an Sicherheit im Umgang mit anderen Menschen. Du bist das einzige Wesen, mit dem ich mich jemals vollkommen wohl gefühlt habe. Ich habe mein Leben nicht immer geschätzt und sehr oft mit dem Gedanken an Selbstmord gespielt.«

Der Baummann sieht mich sehr ernst an. Das lustige Funkeln ist vollkommen aus seinen Augen gewichen: »Du musst dich ein für alle Mal entscheiden, ob du dieses Leben willst. Du kannst nicht mit einem Fuß im Reich der Toten leben – nicht mit all dem, was du hier lernst. Die Auswirkungen wären unvorstellbar zerstörerisch. Wenn du das Wissen, das du hier aufnimmst, nicht vollkommen annehmen kannst, wird das Leben für dich noch weit schrecklicher werden. Du wirst eine der vielen lebenden Toten eurer Zeit sein.

Bevor du dich nicht entschieden hast, ob du leben oder sterben willst, können wir diese Reise nicht fortsetzen.«

Plötzlich wird alles um mich herum schwarz. Wieder treibe ich durch das Nichts, aber es ist nicht die Leere, die ich zuvor kennen gelernt habe. Diese war voller Leben gewesen. Nun schwebe ich zwischen Leben und Tod. Die Energie hat hier ein sehr niedriges Niveau.

Irgendetwas zieht mich durch eine Art Schleier zwischen den beiden Welten zurück in die alltägliche Wirklichkeit. In meinen Ohren knackt es laut, und als ich die Augen öffne, finde ich mich im Operationssaal wieder.

Rundherum herrscht ein heilloses Durcheinander. Handschuhe, Skalpelle und Infusionsschläuche liegen über den ganzen Raum verstreut. Fluoreszierende Lichter blinken, wann immer der Strom durch die entsprechenden Kabel fließt. Ärzte und Krankenschwestern sehen sich zu Tode erschrocken an. Der

Chirurg und seine Assistenten werden sich scheinbar gerade darüber klar, dass hier eine Katastrophe geschehen ist.

Von der Decke aus beobachte ich, wie sie sich um meinen leblosen Körper scharen. »Was geschieht mit mir?«, frage ich im Stillen. »Werden sie mein Leben retten? Will ich denn überhaupt leben?«

Schock und Furcht saugen mich ins Nichts zurück. »Helft mir. Ich will mich fürs Leben entscheiden!«, rufe ich. »Ich brauche nur jemanden, der mir zeigt, wie das geht.«

Ich fliege durch das Dunkel mit dem Gefühl, dass ich gerade einen Herzanfall erleide. Ich kann kaum noch atmen und meine Brust fühlt sich schrecklich eng an, so, als würde mir die Lebenskraft aus dem Körper gesaugt. »Helft mir!«, schreie ich noch einmal laut.

»Ich bin hier«, sagt eine sanfte Stimme neben mir. Ich öffne meine Augen und sehe eine Frau neben meinem Körper knien.

»Wer bist du?«

»In deiner Welt nennt man mich ›Unsere Liebe Frau von Guadalupe‹. Hier bin ich einfach nur deine Mutter, die dir helfen wird. Schließ bitte deine Augen.«

Die Madonna von Guadalupe legt ihre Hände auf meine Brust. »Ich habe deinen Ruf schon oft vernommen. Meine Energie lebt also bereits in dir. Du musst dich nur daran erinnern. Und dabei werde ich dir helfen.«

Ich spüre ihre Hand auf meinem Herzen. Schon fällt mir das Atmen leichter. Das Gefühl von Ruhe und Frieden, das mich eben verlassen hatte, kehrt allmählich wieder.

»Wenn ich meine Hände auf jemand anderen lege«, erklärt sie, »dann leite ich nicht etwa Heilenergie von außen hinein. Ich helfe dem Menschen nur, sich an die Quelle der Heilung zu erinnern, die jeder von uns in sich trägt. Ich helfe ihm also, von innen nach außen zu heilen. Auch du brauchst das jetzt. Denk an den Ursprung des Lebens in dir.«

Ihre Hände bleiben noch eine Weile auf meinem Herzen liegen. Dann geht sie ohne ein weiteres Wort und lässt mir ihre Liebe zurück. Ich fühle mich voller Gnade. Wie oft habe ich schon um Gnade gebetet, ohne dass ich je wusste, was genau das ist.

Ich kehre in den Operationssaal zurück und sehe mir das Durcheinander an. Der Chirurg scheint nicht recht zu wissen, ob und wie er den Eingriff fortsetzen soll. Er steht offensichtlich unter Schock. Der Anästhesist zieht sich einen Stuhl heran und setzt sich hinter dem Operationstisch nieder, während er weiter um Fassung ringt. Ihm rinnen Schweißtropfen über die Stirn und er bittet eine Schwester, sie abzutupfen.

Dieses Mal sehe ich von einer Ecke des Raumes aus zu. Ich verspüre keinerlei Angst. Ruhig beobachte ich, was alles um meinen Körper herum geschieht. Der Chirurg hebt seine Hand und hält dann wieder inne. Etwas in meinem Körper blutet, doch er findet den Ursprung der Blutung nicht. Das Erdbeben hat auch seine Konzentrationsfähigkeit sichtlich erschüttert.

Mit einem Mal beginnt sich hinter seinem Rücken eine Gestalt abzuzeichnen. Es ist »Unsere Liebe Frau von Guadalupe«. Doch nur ich scheine sie wahrzunehmen. Sie lässt ihre Hände mit denen des Chirurgen verschmelzen und führt seine Finger dorthin, wo die Blutung ihren Ursprung hat. Die Angst in seinen Augen lässt nach. Da ich mittlerweile auch seine Gedanken lesen kann, höre ich, dass er die wiedergekehrte Konzentration auf den Adrenalinstoß in seinem Körper zurückführt.

Jetzt geht die Madonna von Guadalupe zur OP-Schwester hinüber und legt ihr die Hände auf die Schultern. Auch die Schwester entspannt sich und sucht nach den Instrumenten, die der Chirurg brauchen wird. Dann wandert »Unsere Liebe Frau« zum Anästhesisten weiter und legt ihre Hand auf seine Stirn, worauf sich auf seinen Lippen ein Lächeln abzeichnet.

Plötzlich spüre ich, wie es mich wieder aus dem Operationssaal hinauszieht. Ärzte und Schwestern verschwimmen vor meinen Augen und mein Bewusstsein taucht in einen strahlend hellen Tunnel ein. Das Licht ist angenehm und warm, ganz anders als das kalte Fluoreszieren der Leuchten im Operationssaal. Ich lasse mich davon anziehen. So durch den Tunnel gleitend, empfinde ich tiefsten Frieden. Ich weiß, dass mein Körper in guten Händen ist. Ich werde also ein intaktes materielles »Gefäß« vorfinden, wenn ich zurückkehren möchte. Ich bin dankbar, dass ich so viele neue Welten kennen lernen darf, und weiß jetzt mit absoluter Sicherheit, dass ich in meinen Körper zurückkehren will, wenn es an der Zeit ist.

Am Ende des Tunnels finde ich eine neue Landschaft vor. Der Boden ist aus Erde, aber nicht annähernd so vital und kraftspendend, wie ich es von den anderen Welten her kenne. Vor mir liegt ein düsterer, grauer See. Der Himmel hängt voller Wolken und die Luft dort ist so feucht und klamm, dass ich das Gefühl habe, als würden Käfer über meine Haut krabbeln.

Ich sehe mich um. In der Ferne erspähe ich Menschen, die auf mich zukommen. Menschen? Nein, bei näherem Hinsehen bemerke ich, dass dies keineswegs Menschen sind, sondern vielmehr eine Gruppe von Skeletten, von denen jedes einen metallenen Schild trägt. Skelette! Entsetzt suche ich nach einem Platz, an dem ich mich verstecken kann, doch vergeblich. Rundherum sehe ich nicht einen Baum, nur in der Ferne ein paar Felsen. Und diese kann ich unmöglich so schnell erreichen. Vielleicht verschwinde ich ja ganz von selbst, wenn ich es mir nur intensiv genug wünsche?

Der harte Klang von Metall, das auf Knochen trifft, geht mir durch Mark und Bein. Mir wird klar, dass ich mich ihnen wohl oder übel stellen muss. An diesem Punkt weiß ich nicht mehr weiter. Die Regeln, die hier gelten, sind mir unbekannt: Tiger, die mit Menschen spielen, weise Baummänner und schöne Frauen, die mir als Führerinnen dienen – mit all dem konnte ich irgendwie umgehen, aber dieser Ort scheint mir völlig unbekannt. Ich weiß nicht, wie ich mich verhalten soll.

Als die Skelette vor mir stehen bleiben, hört mein Verstand

auf zu schnattern. Sie stehen in Formation und halten ihre Schilde vor sich. Ihr Anführer, dessen Schild mit einem doppelköpfigen Phönix geschmückt ist, tritt auf mich zu und legt mir die Hand auf die Schulter. Obwohl seine Knochenfinger kalt sind, erkenne ich an seiner Berührung, dass ich nichts zu befürchten habe.

Er hat keine Worte für mich, sondern dreht sich einfach um und zeigt mit seinem knochigen Zeigefinger zuerst auf einen Punkt am anderen Ufer des Sees und dann auf ein großes Ruderboot am Strand. Ich weiß, dass ich ihm zum Boot folgen soll. Er geht voran, ich folge. Hinter mir marschieren seine Truppen in vollendeter Formation.

Traurigkeit breitet sich in meinem Herzen aus, obwohl ich nicht weiß, weshalb. Vielleicht weil diese Welt keinerlei Spiel zu kennen scheint. Kein freundliches Funkeln in den Augen der Skelette, das mich trösten könnte. Kein Sonnenschein. Hier gibt es keine Freude. Genau. Das ist es. Ich bin traurig, weil es in meiner Mitte keine Freude gibt.

Ich habe hier keine andere Wahl, als in der Gegenwart zu bleiben. In die Vergangenheit kann ich nicht zurück und ich habe keine Ahnung, was die Zukunft mir bringt. Alles, was ich tun kann, ist die Schwere meines Herzens fühlen und im Boot Platz nehmen.

Eines der Skelette stößt das Boot in den See und hält es fest, damit wir einsteigen können. Der Anführer geht als Erster und bleibt stehen, bis auch ich eingestiegen bin. Doch als ich merke, wie sich das Boot unter mir bewegt, gerate ich ins Stolpern. Nie war es nötiger, in meiner Mitte zu bleiben, als auf dieser Reise. Der Gedanke beruhigt mich.

Der Anführer deutet auf einen Sitzplatz, auf dem ein burgunderfarbener Umhang liegt. Als ich mich langsam darauf zu bewege, folgt er mir, greift nach dem Mantel und legt ihn mir fürsorglich um die Schultern. Ich nehme Platz, die anderen Skelette steigen ein und stellen ihre Schilde vor sich ab.

Der Anführer hat sich zum Bug begeben. Er hat seinen Phönixschild hoch erhoben und bleibt dort stehen, während die anderen zu rudern beginnen. Zentimeterweise schieben wir uns durch den dichten Nebel. »Die Reise wird sicher nicht eine der schnellsten«, überlege ich. Es kostet offensichtlich viel Kraft, das Boot durch das trübe, brackige Wasser zu lenken. Manchmal scheint es gar, als wolle der Kahn selbst umkehren und wieder Kurs aufs Ufer nehmen.

Die Skelette rudern immer weiter und bringen uns so durch die starke Strömung. Wie sich herausstellt, ist der »See« ein Gewässer von unglaublichen Ausmaßen. Am trostlosen grauschwarzen Himmel zeigt sich kein einziger Vogel. Auch unter uns gibt es kein Zeichen von Leben, doch das Wasser ist so trübe, dass ich dies nicht mit absoluter Sicherheit zu sagen vermag. Ich frage mich, ob meine mangelnde Entscheidungskraft bezüglich der Frage, ob ich leben will oder nicht, mich nun dazu verdammen wird, den Rest meiner Tage auf diesem leblosen See zu verbringen.

Schließlich mache ich am Horizont eine Insel aus. Die Mannschaft hält darauf zu, und als wir am Strand ankommen, springt ein Skelett heraus, nimmt ein Tau, das vorn am Boot festgemacht ist, und beginnt, uns an Land zu ziehen. Ein paar andere Skelette helfen ihm, indem sie von hinten schieben.

Der Anführer mit seinem Phönixschild springt aus dem Boot und schreitet durch das Wasser voran. Ich bleibe sitzen, bis der Kahn sicher an Land ist. Beim Aussteigen bemerke ich, wie abgestanden die Luft hier riecht. Da ich sie nicht zu tief einatmen will, beschränke ich mich auf flache Atemzüge, was die Energie, die in meinen Körper fließt, auf ein Minimum reduziert. Die Überfahrt hat mich ermüdet. Auch die klamme Feuchtigkeit der Luft macht mir zu schaffen. Schon jetzt fühle ich mich völlig erschöpft.

Die Skelette bleiben beim Boot, während ich ihrem Anführer folge, der mir mit dem Zeigefinger bedeutet, was ich zu tun habe. Wir kommen an ein großes Tor. Erschauernd bemerke ich, dass Knochen und Schädel im schmiedeeisernen Gitter stecken. Der Führer der Truppe zeigt wieder nach vorne. Ich verstehe und warte darauf, dass er mir vorangeht, doch dieses

Mal bleibt er unbeweglich, sieht mich nur an und zeigt auf das Tor. Ich soll wohl alleine weitergehen.

»Kommt überhaupt nicht in Frage. Ich gehe nicht alleine durch dieses Tor«, sage ich entschlossen. Zum ersten Mal seit langem spreche ich mit lauter Stimme. Die Worte hallen wie Donner von den Felsen wider, da nichts Lebendiges hier ist, das den Schall bremsen könnte.

Doch das Skelett deutet weiterhin ungerührt auf das Tor. Schnell lasse ich verschiedene Möglichkeiten Revue passieren: Ich kann auf keinen Fall durch den See zurückschwimmen. Die Entfernung ist zu groß und das Wasser abschreckend. Ich könnte schreien, aber dann würden meine Rufe nur endlos widerhallen, ohne dass ich je auf Rettung hoffen könnte. Aber wenn ich wirklich in Gefahr wäre, dann würde doch wohl jemand kommen. Oder? Ist dies vielleicht eine andere Art Initiationserfahrung – zur Abwechslung eine, die ich *nicht* überleben werde?

Das Skelett, das von seiner Mission scheinbar wirklich überzeugt ist, deutet noch immer mit dem Zeigefinger auf das Tor. In einem Anflug von Hoffnungslosigkeit und Verzweiflung wird mir plötzlich klar, dass ich keine Wahl habe. Ich muss durch dieses Tor gehen und mit meiner Angst fertig werden.

Eng ziehe ich mir den burgunderfarbenen Umhang um die Schultern. Obwohl er von der feuchten Luft schon ganz nass ist, gibt er mir ein Gefühl der Geborgenheit wie die Decke, in die ich mich als Kind immer hüllte, wenn es Nacht wurde. Dann lasse ich das Skelett stehen und beginne meinen todesmutigen Marsch durch das Tor. Mit schweren Schritten und hängendem Kopf schreite ich vorwärts. Obwohl ich langsam atme, habe ich ungeheures Herzklopfen. Die Furcht misst jeden meiner Schritte.

Langsam öffne ich das Tor und lasse es wieder zufallen, nachdem ich hindurchgegangen bin. Hier ist nicht nur der Himmel grau, das Land trägt dieselbe fahle Farbe. Cañons aus grauem Felsen fressen sich durch die leblose graue Erde. Der aschfarbene Himmel flößt mir Angst ein.

Auf meinem Weg treffe ich Tausende von Menschen, die

sehr langsam im Kreis gehen. Sie haben graue Gesichter und tragen graue Umhänge. Hier gibt es kein Licht, das mein wahres Wesen zurückspiegeln könnte. Dies müssen die lebenden Toten sein, von denen mein Baumfreund mir erzählt hat. Mit gesenkten Köpfen bewegen sie sich in immer derselben Formation. Nie heben sie ihren Fuß vom Erdboden. Allerlei Fragen schießen mir durch den Kopf: Wie lange mögen sie schon hier sein? Und wie lange noch? Was für ein Ort ist das? Mir scheint er wie eine Art lebendiger Hölle, denn diese schlurfenden Wesen kommen mir weder tot noch lebendig vor.

Ich schließe mich dem Kreis an. Langsam wende ich meinen Kopf und sehe auf meinen burgunderfarbenen Umhang herab. Er hat alle Farbe verloren und ist nun grau wie die der anderen. Auch meine Hände werden grau. Müde senke ich den Kopf und fange an, mit schleppendem Schritt zu gehen. Ich habe der Verzweiflung nachgegeben, und daher finde ich Trost darin, mich selbst an diesen leblosen Ort anzupassen.

Doch in meinem betäubten Geist bricht sich eine Erkenntnis Bahn: Ich habe hier eine Aufgabe zu erfüllen und diese hat nichts mit dem Heer schlurfender Wesen zu tun. Als ich so meine Situation überdenke, höre ich eine Stimme.

»Hilfe. Hilf mir.« Die Stimme wird nicht von Gefühlen getragen.

Ich muss den finden, der ruft.

»Hilf mir. Bitte hilf mir.« Immer noch hört die Stimme sich völlig leblos an.

Ganz langsam hebe ich den Kopf. Meine Verzweiflung lastet so schwer auf mir, dass jede Bewegung schmerzhaft ist. Genauso mühsam wie vorher sehe ich mich um; ich möchte herausfinden, woher die Stimme kommt. Eine der dahinschlurfenden Figuren erregt mein Interesse. Schritt für Schritt durchschreite ich nun den Kreis und schneide dadurch den Gestalten rechts von mir den Weg ab. Dies scheint sie nicht weiter zu kümmern. Sie halten kurz inne und gehen dann einfach weiter. Ein Ziehen im Solarplexus führt mich zu dem Wesen, von dem die Hilferufe auszugehen scheinen.

Eine gute Weile gehe ich neben der Gestalt her, dann schlage ich – ohne dabei langsamer zu gehen – die Kapuze ihres Umhangs zurück. Entsetzt fahre ich zurück. Ein Schrei quillt aus meiner Kehle: »Aber das bin ja ich! Ich selbst bin diese Gestalt! Der Hilferuf kam von mir!«

Da ich das Wesen nicht mehr verlieren möchte, ergreife ich seine Hand und schlurfe mit ihm gemeinsam weiter. Das Herz schlägt mir bis zum Halse. »Ich habe hier nichts zu suchen«, sage ich zu mir selbst. »Dies ist nicht der richtige Ort für mich.« Obwohl ich mich schwach und ausgetrocknet fühle, weiß ich, dass in mir immer noch tausendmal mehr Lebenskraft steckt als in den Gestalten um mich herum. Ich muss hier weg, sonst werde auch ich sterben.

Ich nehme mein anderes Selbst bei der Hand und verlasse den Kreis. Die stickige Luft, die bedrückende Stimmung an diesem Ort und die schreckliche Leblosigkeit meines anderen Selbst erschweren mir das Vorwärtskommen erheblich. Ich bemühe mich, schneller zu gehen. Nur meine klar formulierte Absicht, dass ich hier wieder herauskommen will, lässt uns schließlich doch an das Tor zum Reich der lebenden Toten gelangen.

Auf der anderen Seite empfängt mich das Skelett. Ich sinke zu Boden, der Mangel an frischer Luft hat mich enorm viel Kraft gekostet. Das Skelett hebt mich auf und trägt mich auf seinen Armen zum Boot. Dann nimmt er mein anderes Selbst auf und hebt auch dieses an Bord. Völlig erschöpft falle ich auf die nächste Sitzbank. Die Skelette stoßen das Boot ins Wasser und klettern ebenfalls hinein. Der Anführer, mit dem Schild zu seinen Füßen, stützt mein Selbst, das ich aus dieser Hölle der lebenden Toten befreit habe. Sobald die Skelette zu rudern beginnen, verliere ich das Bewusstsein.

Als ich meine Augen wieder öffne, stehen der Tiger und der Baummann neben mir auf der Wiese. Neben ihnen erkenne ich den Anführer der Skelette, der mein anderes Selbst trägt. Er beugt sich herab und übergibt diesen leblosen Teil meiner selbst dem Baummann. Dieser setzt ihn auf dem Boden ab. Seine Hände gleiten sanft über ihn hinweg. Über ihm stehend, atmet er mit ihm, bis seine Brust sich endlich hebt und die Leben spendenden Atemzüge wieder in ihn eindringen können. Dann legt er einen kleinen Bergkristall in sein Herz, bevor er ihn aufhebt. Noch in seinen Armen verwandelt der andere Teil meiner selbst sich in eine Kugel aus Licht, die der Baummann direkt in mein Herz bläst. Freude und Frieden kehren in mich zurück.

Ruckartig setze ich mich auf.

»Willkommen daheim«, sagt der Baummann.

Er heißt mich nach jedem meiner Abenteuer zu Hause willkommen. »Was, zum Teufel, war das?«, frage ich ihn.

»Du hattest noch ein Stück Arbeit zu erledigen, bevor du dich tatsächlich zwischen Leben und Tod entscheiden konntest. Jedes Mal wenn du dir im Leben gewünscht hast, tot zu sein, hast du einen Teil deiner selbst ins Land der Toten gesandt. Daher wartete dort ein ziemlich bedeutender Teil deines Selbst darauf, dass du ihn rettest. Du hast ihn gefunden und ich blies ihn zurück in dein Herz.

Viele Menschen trennen sich von Teilen ihrer Seele. Doch diese Teile warten immer irgendwo auf uns und wollen zurückgeholt werden. Krankheit, Schock, Trauma, Missbrauchserfahrungen oder Trauer können Gründe für einen derartigen Seelenverlust sein. Das ist es, was du im Moment wissen musst. Später wirst du mehr darüber erfahren.

Für dich ist im Augenblick am wichtigsten, dass du wieder vollständig bist. Erst jetzt kannst du dich wirklich für das Leben entscheiden und dich weiterentwickeln. Doch du musst dich entscheiden, und zwar jetzt. Wenn du leben willst, dann tu dies hier vor allen Zeugen kund. Wenn du lieber stirbst, so lass es uns wissen, denn auch dafür müssen wir ein paar Vorkehrungen treffen.«

Nachdenklich betrachte ich das Männlein, den Tiger und das Skelett. Alle drei erwarten mit ernsten Gesichtern meine Entscheidung. Ich mustere den Boden unter mir und den Himmel über mir. Was immer ich jetzt sage, wird Konsequenzen haben.

Wenn ich sterben will, so ist meine Zukunft damit wenigstens sicher. Will ich leben, so setze ich mich damit der ständigen Ungewissheit aus. Mein Baumfreund hat Recht, ich kann nicht ewig zwischen diesen beiden Welten bleiben. Ich muss sozusagen mit beiden Füßen in einem Reich leben.

Wieder sehe ich meine Freunde an. Dann lenke ich meinen Blick in das wartende Universum und schreie es hinaus: »Ich will leben.«

Sogar das Skelett ist nun glücklicher als zuvor.

Die nächsten Tage sind ausgefüllt mit fröhlichem Spiel. Ich sehe der Sonne zu, wie sie über den Himmel wandert und schließlich dem Mond und der Nacht weicht. Ich zähle die Stunden erst gar nicht und gebe mich ganz dem Augenblick hin.

Der Anführer der Skelette ist mittlerweile zu den anderen zurückgekehrt. Ich habe begonnen, ihn zu mögen, und werde ihn sehr vermissen. Das Kaninchen, so wird mir mitgeteilt, ist zu Hause an der Lagune. Der Tiger, der Baummann und ich, wir verbringen unsere Zeit mit Herumtollen. Wir reden nur über unwichtige Dinge und stellen allerhand Blödsinn an.

Während unserer Spiele hat sich der Tiger allmählich immer mehr zu meinem Lehrmeister entwickelt. Er bringt mir bei, wie man sich anschleicht, und wir lauern einander abwechselnd im hohen Gras auf. Er zeigt mir, wie ich die Energie eines lauten Gebrülls entstehen lasse und in die Welt hinausschicke. Und er lehrt mich, passiv zu sein und doch auf jede Kleinigkeit meiner Umgebung zu achten. Seine wortlose Grazie, Schönheit und Kraft erfüllen mich mit Ehrfurcht.

Dann bittet mich der Baummann, mit ihm Nahrung zu suchen. Bisher hat er das immer alleine getan. Zwischendrin tauchte er dann völlig unerwartet mit einer Mahlzeit für mich auf. Nun gehen wir gemeinsam weg. Wir verlassen die Wiese und klettern einen Hang hinauf. Das Gras ist dort nicht so hoch. Zwischen den Halmen entdecke ich eine Menge anderer Pflanzen.

»Die Pflanzen schenken uns freiwillig ihr Leben«, erklärt mein Begleiter.

Ich habe das Gefühl, dass wir das Gespräch, welches wir an der Lagune begonnen haben, wieder aufnehmen. Nur bin ich jetzt viel aufnahmebereiter: »Wieso schenken sie uns ihr Leben? Das verstehe ich nicht.«

Er fährt fort: »Weißt du irgendetwas über die Jagd, als sie noch nicht Sport war, sondern Teil des Überlebens? Hast du jemals einen Menschen kennen gelernt, der auf diese Weise jagt?«

»Ja, ich habe einmal einen solchen Mann getroffen. Er dachte immer, er sei in der falschen Zeit geboren worden. Und ich habe Bücher darüber gelesen. Aber die meisten Menschen, die ich kenne, sehen die Jagd als Sport.«

»Du kennst also die Vorstellung, dass ein Tier weiß, wann es sterben wird, und uns sein Leben opfert?«

»Nicht so genau«, antworte ich. »Ich habe einmal beschlossen, Vegetarierin zu werden, weil ich dachte, ich sollte nichts essen, was ich nicht selbst töten könnte. Ich fühlte mich nicht wohl dabei, in einen Laden zu gehen und abgepacktes Fleisch zu kaufen.«

»Und weiter?«

»Nun, ich hatte einfach zu viel Hunger. Also ging ich nach ein paar Monaten wieder in die Läden und kaufte schön verpackte Mordware. Ich glaube nicht, dass diese Tiere ihr Leben für mich opferten. Aber tief innen weiß ich, was du mir sagen willst.«

»Denk nur einmal an die Pflanzen«, fährt er fort. »Pflanzen sind ganz besondere Wesen, die uns ihre Energie als Nahrung und zur Heilung zur Verfügung stellen. Wenn du krank bist, kann der Geist einer Pflanze dich kurieren. Viele Arzneimittel sind aus Pflanzen hergestellt, aber wenn sie industriell verarbeitet werden, verlieren wir ihre spirituellen Gaben. Wir sollten also nicht vergessen, dass Pflanzen nicht nur biochemische Komponenten aufweisen, die wir verwenden können. Pflanzen sind Wesen mit einem Geist genau wie du. Wenn der Geist einer Pflanze mit dem deinen verschmilzt, um dich zu heilen, sind die Heilkräfte der Pflanze sehr viel stärker.

Alle Wesen sind lebendig. Und alles Leben ist heilig. Dieses Wissen haben viele Menschen deiner Zeit vergessen. Als die Menschen noch von der Natur abhängig waren, um ihr Überleben zu sichern, waren sie sich sehr viel stärker bewusst, dass sie mit allem Lebendigen verbunden sind. Die von der modernen Technologie geprägten Menschen aber leben in der Illusion, dass sie Macht über die Natur hätten. Sie haben ihr Wissen um die inneren Zusammenhänge verloren. Schon sind wir wieder beim Thema des Getrenntseins, wenn auch in anderer Form. Die Menschen glauben heute, dass die Natur ihnen zu dienen habe, dass sie ihnen all ihre Ressourcen zur Verfügung stellt … bis zur bitteren Neige. Ihre Verpflichtung der Natur gegenüber aber erkennen sie nicht.«

»Die Menschen meiner Zeit sind hochmütig. Ist es das, was du sagen willst?«

»Hochmütig und kindisch. Sie glauben, das Leben existiere nur für sie. Sie denken auch, dass alles, was sie brauchen, ihnen immer zur Verfügung stehen wird. Sie können sich gar nicht vorstellen, dass Energie und Rohstoffe auch einmal zu Ende gehen. Wenn jemand die Heiligkeit allen Lebens anerkennt und versucht, sich darauf einzustellen, wird *immer* alles da sein, was gebraucht wird. In der Haltung des ›Ausbeuten und bezwingen ohne Konsequenzen‹ aber drückt sich eine tief greifende Unwissenheit aus. Das Leben auf der Erde ist auf Harmonie gegründet. Wird diese nicht respektiert, so werden die Energiequellen nach und nach versiegen und die Menschen werden letztendlich krank werden. Dies ist eines der Hauptthemen, mit denen deine Zeit sich auseinander setzen muss.

Ich möchte dir daher in erster Linie beibringen, wie du in Harmonie mit dir selbst und deiner Umwelt leben kannst. Suchen wir also unser Mittagessen gemeinsam. Mach die Augen halb zu, so dass du gerade noch sehen kannst, wo du hintrittst. Wandere dann über den Hang und achte darauf, ob du dich von einer bestimmten Pflanze angezogen fühlst. Wenn du eine gefunden hast, dann setz dich neben sie. Ich komme dann und helfe dir weiter.«

Ich atme tief ein und aus und streife gemächlich mit halb geschlossenen Augen durch die Pflanzenwelt. Dabei nehme ich die unterschiedlichsten Energien wahr. Von manchen Pflanzen fühle ich mich abgestoßen. Bei anderen spüre ich gar nichts. Doch plötzlich fühle ich mich von einer bestimmten Pflanze geradezu magnetisch angezogen: Ich setze mich neben diese große grüne Pflanze mit ihren wunderschönen gelben Blüten, die ganz oben am Stängel entspringen.

Das Männlein kommt und setzt sich neben mich. »Schließ deine Augen!«, befiehlt er mir. »Atme tief ein und aus und versenke dich in deine Mitte. Was spürst du dabei?«

»Ich fühle und sehe das Licht in mir. Ich erlebe mich ganz als Licht, nicht als Körper. Es ist ein wundervolles Gefühl.«

»Erlaube deinem Licht jetzt, mit dem Geist der Pflanze neben dir zu verschmelzen. Denk nicht darüber nach – formuliere diese Absicht einfach nur für dich.«

Ich fühle, wie ich mit der Pflanze eins werde. Eine liebevolle, nährende Energie breitet sich in mir aus. Ich komme ihr mit meinem Licht entgegen. Wir tauschen Essenz gegen Essenz aus. Ich bin mit dieser Pflanze vereint und kann zwischen mir und ihr nicht mehr unterscheiden. Das muss dieses Gefühl des inneren Einssein sein, von dem mein Baumfreund so viel erzählt.

»Nun zieh deine Energie gerade so weit von der Pflanze zurück, dass du mit ihr sprechen kannst. Denk aber immer daran, dass du noch Teil der Pflanze bist und die Pflanze ein Teil von dir. Frag sie, ob sie ihr Leben mit dir teilen will. Und was sie dir zu geben hat.«

Ich stelle meine Frage und bin aufgeregt, weil ich wirklich mit einer Pflanze spreche.

Das grüngelbe Kraut antwortet: »Wenn du meinen Geist mit deinem verschmelzen lässt, werde ich deine Angst heilen und deinem Wesen seine ursprüngliche Ruhe zurückgeben. Ich bin glücklich, dass ich dies für dich tun kann. Doch du musst bereit sein, das Geschenk zu empfangen. Verzehre mich und öffne dich dabei vollkommen der Heilung. Iss mich nicht ohne entsprechende Bewusstheit – achte auf die Energie, die du in dich aufnimmst und mit der du dich verschmilzt.«

Dabei fallen mir meine Essgewohnheiten ein: Mir fehlt die Bewusstheit beim Essen … und wie! Meist habe ich nicht die geringste Ahnung, was ich da eigentlich in mich hineinschlinge. Da ich häufig zu lange warte und mein Blutzuckerspiegel schon gefährlich tief gesunken ist, stopfe ich gewöhnlich in mich hinein, was immer ich zu fassen kriege. Dabei träume ich normalerweise auch noch vor mich hin, arbeite weiter oder rede unaufhörlich. Es wird eine völlig neue Erfahrung sein, wenn ich mich der nährenden Energie wirklich öffne. Ich wünschte, jemand hätte mich früher auf diese Verschwendung aufmerksam gemacht.

Der kleine Mann unterbricht meinen Gedankenstrom. »Folge deinem Atem. Bring deine Bewusstheit zurück in deinen Körper und öffne die Augen, wenn du fertig bist.«

Er wartet darauf, dass ich die Augen öffne. »Nun, war das nicht leicht?«

»Woher weiß ich, dass ich mir das alles nicht nur eingebildet habe?«

»Achte darauf, wie du dich fühlst, nachdem du die Pflanze zu dir genommen hast.«

Der Baummann zeigt mir, welche Teile zum Verzehr geeignet sind und wie ich sie pflücken muss. Wir lassen von der Pflanze genügend übrig, damit sie sich problemlos regenerieren kann. Ich nehme die Blätter in die Hand und bedanke mich schweigend für ihr Geschenk.

Dann geleitet mich mein Baumfreund zu einem anderen Teil des Hanges, wo wir uns hinsetzen. Ohne ein Wort esse ich die frischen, grünen Blätter und fühle, wie mich ein Gefühl des Friedens überkommt.

»Es gibt Naturgesetze, die auch die Menschen befolgen müssen«, fährt er mit seinen Lehren fort, während wir zurück zur Wiese spazieren. »Sie mögen glauben, dass sie über diesen Gesetzen stehen, aber in Wirklichkeit tragen wir alle der Natur und ihren Gesetzen gegenüber Verantwortung. Wir sind alle Teil der Einheit allen Lebens und können uns nicht einfach ausklinken.

Du solltest dir ausschließlich Nahrungsquellen suchen, die dir gut tun. Selbst wenn du alles im Lebensmittelladen kaufst, kannst du es nach Hause tragen und dort damit verschmelzen. Du wirst sehen, dass dich diese Praxis wahrhaft nährt. Wenn du das Gefühl hast, dass das, was du gekauft hast, dich nicht nährt, solltest du es lieber der Erde zurückgeben, als es zu essen. Mit der Zeit wirst du schon lernen, welche Art von Nahrungsmitteln heilsam und welche zerstörerisch wirken.«

»Ich werde dich nicht fragen, welche Auswirkungen mein Zuckerkonsum hat«, merke ich an, während wir die Wiese schon fast erreicht haben.

Der Baummann sieht mich an und lacht.

»Wirst du mir noch mehr über Pflanzen und ihre Fähigkeiten zu heilen beibringen?«

»Wenn du das möchtest. Aber es gehört eigentlich nicht zu deinem Lebenswerk.«

»Was meinst du mit ›Lebenswerk‹? Ich dachte, meine Aufgabe wäre es, einfach mein inneres Licht leuchten zu lassen?«

»Die Erde ist der Planet der Manifestation. Dein Licht leuchten lassen heißt, deiner Kreativität Ausdruck zu verleihen. Das bedeutet aber nicht, dass du dich auf eine Parkbank setzen und allen Vorübergehenden zulächeln sollst. Auch dies kann eine Lebensaufgabe sein, aber es ist nicht die deine.«

»Und wie soll ich es dann anfangen?«

»Du folgst dem Pfad, den deine Leidenschaft dir zeigt.«

»Kannst du das nicht näher erläutern?«

»Du musst tun, was dir Freude macht, was dein Herz erfüllt und deinem Leben einen Sinn gibt. Tust du das nicht, wird dein Leben schal und unfruchtbar. Es entstehen Lücken in dir. Und diese Lücken werden dann zu Brutstätten für Bakterien, Viren und andere Lebensformen, die sich in deinem Körper einzunisten beginnen. Sie gewinnen die Oberhand, wenn sie mehr Lust am Leben haben als du. Dann siedeln sie sich in dir an und ernähren sich von deinem Körper. Dein Körper wird zu ihrer Behausung.

Folgst du hingegen dem Weg der Leidenschaft, wirst du von dir selbst erfüllt sein. Die inneren Mikroorganismen werden sich damit zufrieden geben, in Harmonie mit dir zu leben. Sie erlauben dir, körperlich und emotional gesund zu bleiben. Wenn du für dich sinnvolle Dinge tust, wirst du dein Leben lieben. Natürlich wird es auch weiterhin Probleme geben, Rhythmen wie die von Ebbe und Flut prägen unser aller Leben, doch darüber wollen wir später sprechen. Für den Augenblick genügt es, wenn du dir klarmachst, dass eines der großen Abenteuer im Leben ist, den Weg zu entdecken, auf dem du dich vollständig und heil fühlst.«

Nun haben wir endlich unsere Wiese wieder erreicht. Der Tiger liegt im Gras und genießt die warmen Sonnenstrahlen. Als er uns bemerkt, dehnt er jeden Muskel seines gewaltigen Körpers. Wie gut sich das anfühlen muss! Ich versuche, es ihm gleichzutun, aber es will mir nicht richtig gelingen.

Der Tiger sieht mich mit seinem blauen und seinem grünen Auge an und scheint zu sagen: »Du musst lernen loszulassen, Frau!«

»O ja!«, stimme ich ihm schweigend zu.

»Hast du wieder Lust auf einen Spaziergang?«, fragt mich der Baummann.

»Klar doch. Die Luft ist herrlich und ich fühle mich vollkommen ausgeruht. Nichts würde mir jetzt mehr Spaß machen, als mich mit der Energie der Pflanze, die ich verzehrt habe, zu bewegen.«

Der Tiger, der Baummann und ich durchstreifen das hohe Gras. Wir bewegen uns weg von dem Ort, an dem ich meinen Pflanzenhelfer kennen gelernt habe. In diese Richtung bin ich noch nie gegangen. Die Landschaft verändert sich, das fällt mir sofort ins Auge. Wie viel verschiedene Perspektiven es hier doch gibt! Wenn du dich an einem bestimmten Platz nicht wohl fühlst, spazierst du einfach weiter, bis du dich besser fühlst. Ich denke, das trifft auch auf das Leben zu. Wenn mir eine Situation nicht gefällt, kann ich einfach aufstehen und weitergehen. An einem bestimmten Punkt treffe ich dann sicher auf etwas, was mir mehr liegt, vor allem wenn meine Seele den Führer spielt. Ich mache mir im Geiste eine Notiz, denn ich möchte später noch einmal über mehr Hingabe an mich selbst nachdenken.

Still wandern wir dahin. Gelegentlich springt der Tiger an mir hoch und zeigt seine Lust am Spiel. Bei jedem seiner Sprünge fühle ich ein Lächeln in meinem Herzen. Meine Atemzüge werden tiefer und tiefer. Ich sauge den frischen Duft der Erde in mich ein.

Vor uns taucht ein Schloss aus Quadersteinen auf, das direkt aus dem Märchenland zu sein scheint. Ein gepflegter Rasen umgibt das hochherrschaftliche Anwesen und auf dem zugehörigen Teich schwimmen ein paar Schwäne. Obwohl dieser Ort offensichtlich von Menschen errichtet wurde, strahlt er doch eine harmonische Energie aus.

In den hohen Bäumen tummeln sich Singvögel, die unsere Ankunft verkünden. Es gibt Pfirsichbäume, Apfelbäume, Pflaumenbäume und Kirschbäume – Hunderte von Zweigen voll mit meinen Lieblingsfrüchten. Ich kann den Baummann fast hören: »Nun scheinst du langsam zu begreifen!«

Tatsächlich hält der Baummann kurze Zeit später unter einem Apfelbaum inne: »Warum gehst du nicht hinein und schaust dir das Schloss ein wenig an?« Als läse er meine Gedanken, fügt er hinzu: »Es ist nicht gefährlich hier. Das Schloss wird dir gefallen. Wir warten hier unter diesem Baum auf dich.« Der Tiger nickt zustimmend und lässt sich, müde von der Hitze, auf die kühle Erde gleiten.

Ich lasse meine Freunde unter dem Baum zurück und nähere mich den großen, hölzernen Toren des Schlosses. Ich liebe Gebäude aus Stein. Ich hätte immer gern in einem Steinhaus mitten im Wald gelebt. »Diese Einsiedlerphantasie geht wohl auf meine Ambivalenz dem Leben gegenüber zurück«, sage ich zu mir selbst. Ein Versteck in den Wäldern schien mir tröstlich, jetzt aber weiß ich, dass dieses Gefühl nur etwas mit meiner Angst vor dem Leben zu tun hatte.

Als ich das Gebäude mit den dicken Steinmauern betrete, schlägt mir kühle Luft entgegen. Ich habe einen leicht modrigen Geruch erwartet, denn das Schloss sieht ziemlich alt aus, aber die Luft ist frisch und der Eingang erstaunlich sauber. An den Wänden der Halle hängen Gemälde, auf denen die Ahnen dargestellt sind – ein merkwürdig vertrauter Anblick nach all den ungewohnten Lebensformen, die ich in dieser Welt kennen gelernt habe. Die Menschen auf diesen Bildern wirken steif, ernst und von ihrer eigenen Wichtigkeit zutiefst überzeugt. Sie sehen aus, als hätten sie sich zeitlebens eher auf ihre Autorität als auf ihre Leidenschaft verlassen.

Hohe, weiß gestrichene Holztüren am Ende der Halle führen mich in einen ebenso hohen Raum mit langen Tischen und Bücherregalen. Es sieht aus wie in einer riesigen Bibliothek. Hier riecht es ganz entschieden muffig. Die Bücher scheinen schon mehrere Jahre hier zu stehen.

Ich trete ein. Meine Schritte lassen die Holzböden ächzen, so dass ein Mann an einem der Tische aufsieht. Er ist das erste menschliche Wesen, das ich in dieser Welt sehe.

Ich nähere mich ihm nur langsam. Schließlich weiß ich nicht, ob ich willkommen bin. Er sieht ziemlich gut aus – dunkelbraunes Haar, braune Augen und Gesichtszüge, die zwar nicht absolut vollkommen sind, doch gut zu ihm passen. Ich schätze ihn auf knapp unter einen Meter achtzig. Obwohl wir uns nie begegnet sind, erscheint er mir seltsam vertraut. Ich könnte nicht sagen, woran es liegt, aber ich fühle mich von seiner Energie merkwürdig angezogen.

Ich beschließe, mutig zu sein, und stelle mich selbst vor: »Ich bin C Alexandra.«

»Sehr erfreut, Sie kennen zu lernen«, antwortet er. »Mein Name ist Etienne.«

»Das klingt französisch.«

»Meine Mutter war Französin.«

»Oh«, sage ich, ein wenig unsicher. »Was lesen Sie da?«

»Ich lese ein Buch über die Lehren von Jiddu Krishnamurti. Ich halte ihn für einen großartigen Mann. Von seinen Werken lese ich alles, was ich nur bekommen kann.«

»Was lehrt er denn?«

»Er lehrte, wie wir unsere Gedanken und Gefühle beobachten können, ohne sie zu verurteilen. Er war vollkommen leer, ein wirklicher spiritueller Meister. Er wusste, wie man dieses Leben lebt, ohne verhaftet zu sein. Sie sollten einmal ein Buch von ihm lesen.«

Ja, das scheint mir auch so. Natürlich sage ich das nicht.

»Sind Sie von hier?«, frage ich stattdessen.

»Nein. Ich bin hier, um mehr über Krishnamurti und seine Arbeiten zu erfahren. Ich versuche nämlich, mein Leben zum Besseren zu verändern.«

»Deshalb bin ich auch hier. Das heißt, natürlich nicht, um etwas über Krishnamurti zu erfahren. Aber auch ich möchte lernen, wie ich mein Leben im Einklang mit den Gesetzen der Natur leben kann.«

Mein Herz schlägt schneller, während ich mit diesem faszinierenden Mann spreche. Irgendetwas an ihm schüchtert mich ein bisschen ein. Der Klang seiner Stimme lässt vermuten, dass er hochgebildet, vielleicht sogar von Adel ist. Ich hingegen bin nur ein einfaches Wesen. Neben ihm komme ich mir unbeholfen und schwerfällig vor.

Er lächelt, was mich enorm erleichtert. »Würden Sie vielleicht mit mir einen kleinen Spaziergang zum Teich machen? Dort könnten wir uns setzen. Ich kenne da einen Baum mit den süßesten Äpfeln überhaupt.«

»Oh, das wäre sehr schön«, antworte ich.

Etienne erhebt sich. Sofort sehe ich, dass er über einen Meter achtzig groß sein muss. Neben ihm fühle ich mich ganz klein – und das in vielerlei Hinsicht.

Wir verlassen die Bibliothek, spazieren die lange, dunkle Halle hinunter und durch das riesige, hölzerne Eingangstor. Der Baummann und der Tiger sind nirgends zu sehen. Etienne führt mich um das Schloss herum zu einem Teich mit einem zauberhaften Wasserfall. Wir setzen uns auf den gepflegten Rasen unter einen Baum mit saftigen, grünen Äpfeln. Die friedliche Stille der Umgebung wird vom Plätschern des Wasserfalls und vom Spiel des Windes in den Zweigen unterstrichen.

Ich spüre: Dies ist Etiennes Platz. Es ist eine Ehre für mich, dass er mich hierher mitgenommen hat.

Schon höre ich seine Stimme: »Sind Sie mit der Praxis der Meditation vertraut?«

»Nicht wirklich. Ich habe einige Kurse zu verschiedenen Entspannungstechniken gemacht, aber richtig meditiert habe ich noch nicht. Meditieren Sie regelmäßig?«

Geplauder scheint Etienne nicht zu liegen. Er umgeht die typischen Frage- und Antwortspiele, mit denen man gewöhnlich Bekanntschaft schließt, ohne viel Federlesens. Er sieht gut aus, ich fühle mich jedoch stärker auf einem energetischen Niveau angezogen. Etwas an seiner Energie fasziniert mich. Er wirkt so zentriert, frei von Chaos und Verwirrung. Vielleicht hat er jene Mitte gefunden, von denen meine Helfer in dieser Welt immer wieder sprechen.

»In der Kunst der Meditation«, erklärt er mir, »geht es darum, den Geist von den Gedanken zu befreien, um Zugang zum wahren Selbst zu erlangen. Unser vom Alltag konditionierter Geist wird von Gedanken und Illusionen beherrscht. Die Meditation hingegen führt Sie direkt zur Wahrheit.«

»So etwas könnte ich wirklich gebrauchen. Ich habe schon viel über mein wahres Selbst gelernt, aber ich kann diese Erfahrungen noch nicht festhalten. Ist es schwer zu meditieren?«

»Schwierig ist eigentlich nur, den Geist von seinem ewigen Gedankengeschwätz zu leeren, denn der Geist fühlt sich bedroht, wenn Sie versuchen, über ihn hinaus zu gelangen. Mein Geist versucht oft, mir ein Schnippchen zu schlagen und meine ganze Arbeit wieder zu zerstören.

Am besten ist es, man beobachtet einfach nur die Gedanken und Gefühle, die in einem aufsteigen. Einfach nur beobachten – ohne daran zu haften. Mir hilft es, wenn ich eine Frage im Geist wiederhole, zum Beispiel ›Wer bin ich?‹ Auch Mantras wie ›Gott ist die Liebe‹ sind sinnvoll.«

»Meditieren Sie schon lange?«

»Seit ich ein kleiner Junge war.«

»Aha. Würden Sie es mir wohl beibringen?«

»Ich werde es versuchen. Da es anfangs eine enorme Konzentration erfordert, werden wir uns auf ein paar Minuten beschränken. Dann können Sie Ihr Pensum langsam ausdehnen.«

Ich möchte diesem Mann näher kommen. Seinen Weg aus erster Hand kennen zu lernen scheint mir eine gute Möglichkeit zu sein. Vielleicht können wir uns ja eines Tages auf einer persönlicheren Ebene begegnen.

»Wie fangen wir an?«, frage ich.

»Setzen Sie sich bequem hin, schließen Sie die Augen und atmen Sie tief ein und aus. Atem ist Leben. Während Sie tief atmen, entspannen Sie sich, und so beginnt der Meditationsprozess. Fragen Sie sich beim Ein- und Ausatmen immer wieder: ›Wer bin ich?‹«

Ich setze mich im Schneidersitz auf den Boden, so wie ich es auf Bildern von östlichen Meditationsmeistern gesehen habe. Dann schließe ich meine Augen und atme tief in den Bauch hinein. Dabei wiederhole ich ständig die Frage: »Wer bin ich?«

Dabei spüre ich dasselbe Gefühl von Grenzenlosigkeit wie mit meinem Baumfreund. Ich weiß nicht genau, wo mein Körper beginnt oder endet. Mein Geist ist zwar – gelinde gesagt – nicht gerade ruhig, aber zumindest bleibe ich nicht bei den Worten hängen, die mir durch den Kopf gehen. Ich beobachte nur, wie sie vorbeiziehen … wie Wolken am Himmel.

Mein inneres Licht wird stärker. Dieses Mal hat es eine Qualität, die ich noch nicht kenne – Weiblichkeit. Ich spüre mein Frausein. Die nächsten Minuten bleibe ich bei diesem Gefühl. Es ist schön, sich grenzenlos und gleichzeitig voll mit weiblicher Energie zu erleben.

Plötzlich höre ich jemanden husten und meine Augen öffnen sich wieder.

»Entschuldigen Sie. Ich wollte Sie nicht stören«, meint Etienne. »Aber während der Meditation bezieht man gewöhnlich auch die Laute ein, die von außen kommen.«

»Das ist schon in Ordnung. Ich glaube ohnehin, dass es für den Augenblick reicht.«

»Möchten Sie mir erzählen, was Sie erlebt haben?«

Ich berichte Etienne von dem Licht und von der weiblichen Energie, die mit einem Mal fühlbar war.

»Wenn Sie weitermachen, werden Ihre Erfahrungen sich noch vertiefen.«

»Meditieren Sie jeden Tag?«

»Ja, das ist mein Weg.«

»Und was tun Sie außerdem?«

»Nun, ich gehe häufig und ausgiebig spazieren. Ich höre auch gern Musik. Tatsächlich ist mein Leben weitgehend der Kontemplation gewidmet. Und Sie? Womit beschäftigen Sie sich?«

»Bisher habe ich in einem Büro gesessen und hart gearbeitet. Jetzt habe ich erkannt, dass dieses Leben so keinen Sinn hat. Ich möchte ein spirituelleres Leben führen.«

»Ist Ihnen klar, was das bedeutet?«

»Nun, ich möchte mehr Zeit in der Natur verbringen und ein meditatives Leben führen. Ich weiß, dass ich meinen Körper und meine Seele gleichermaßen nähren möchte, damit mein Leben erfüllter wird. Wie das aussehen soll, ist mir noch nicht klar. Es ist alles ein bisschen viel auf einmal. Ich habe schon so viel Information aufgenommen, dass es einige Zeit dauern wird, bis ich all das verarbeitet habe. Bis jetzt halte ich mich an einen ganz simplen Rat: Mach immer einen Schritt nach dem anderen.«

»Ein exzellenter Ratschlag. Ich habe in dieser Hinsicht Glück gehabt: Mein Pfad lag immer klar vor mir. Mein Leben verlief vielleicht nicht immer einfach, aber ich wusste immer genau, was mir am wichtigsten war.«

Ich weiß, dass Etienne die Wahrheit sagt, trotzdem habe ich

das Gefühl, als würde etwas fehlen. Ich spüre in mir eine Trockenheit wie in der Wüste, so als ob er auf seinem Pfad den Reichtum der Erde unter seinen Füßen nicht spürte. Ich sehe Stille in seinen Augen, aber keine Freude. Was mag er wohl über mich denken?

»Hier, nehmen Sie einen Apfel«, sagt er und pflückt einen vom Baum. Es ist ein großer, rotgrüner Apfel, den er mir reicht. Ich beiße hinein und genieße die saftige Süße dieser Frucht. Ich esse langsam, um das Geschenk des Apfels zu würdigen und die Lebenskraft in mich aufzunehmen, die der Baum mir gibt.

Ich erzähle Etienne von meiner Erfahrung mit meinem Pflanzenhelfer. Er hört mir voller Aufmerksamkeit zu. Seine Augen weiten sich erstaunt, als ich ihm erzähle, dass die Pflanzen uns Menschen ihren Geist und ihre Lebenskraft opfern, um uns zu helfen. Ein ungläubiges Funkeln verdrängt die reine Stille in seinen Augen.

Da beginne ich zu verstehen. Etiennes spiritueller Pfad ist sinnvoll für ihn, aber es ist nicht das, was ich suche. Ich sehne mich nach dem Reichtum an Spiel und Magie, den ich mit dem Tiger und dem Baummann erlebe. Es gefiel mir, Jonathan und Leah in den Ätherwelten kennen zu lernen. Der in Mitternachtsblau gekleideten Lehrerin, der ich begegnete, als ich meinem Krankenbett den Rücken kehrte, bringe ich tiefe Bewunderung entgegen. Ich liebe die erdige Energie dieses Ortes und der Reichtum des Lebens, der ungeheure Humor dieser Welt beeindrucken mich zutiefst. Wie aber soll ich all diese Welten zusammenbringen? Kann ich Etienne die Qualität des Lebens hier begreiflich machen? Gibt es auch nur *irgendetwas*, was ich mit ihm teilen könnte?

Trotz meiner Bedenken spüre ich, dass es für Etiennes Anwesenheit hier einen Grund gibt. Ich weiß nicht genau, warum, aber ich fühle mich von ihm auf ungewöhnliche Weise angezogen.

Sprühend vor Charme, erzähle ich ihm von meinen Abenteuern. Ich mache diesem Mann mit all meiner Energie und mit meinen Worten den Hof.

Etienne lacht über die Possen des Tigers und des Baummannes. Dann erzählt er mir von seinen Reisen und den spirituellen Meistern, die er dabei kennen gelernt hat. Auch seine Worte sind von Witz und Charme durchdrungen.

Je mehr Geschichten wir uns erzählen, umso mehr scheint die Distanz zwischen uns zu schwinden. Bald schon genießen wir den Duft der Äpfel gemeinsam und lauschen miteinander der sanften Brise in den Bäumen und dem milden Klang des Wasserfalls.

Wir lachen gemeinsam über den jämmerlichen Zustand des menschlichen Geistes und tauschen Geschichten aus, bis die Dunkelheit sich um uns legt. Als ich bemerke, wie spät es bereits ist, denke ich an den Tiger und den Baummann. Ich möchte ihnen Bescheid geben.

»Ich muss meine Freunde suchen und ihnen mitteilen, wo ich bin«, sage ich zu Etienne. »Werden Sie hier auf mich warten?«

»Selbstverständlich«, antwortet er und richtet seinen Blick in den Nachthimmel.

»Ich bin gleich zurück.«

Ich versuche, mich graziös zu erheben – was mir nur teilweise gelingt, und gehe dorthin, wo ich meine Freunde vermute – zum Tor des Schlosses. Doch ich kann sie nicht finden. Mit ein paar geflüsterten Worten tröste ich mich: »Das ist in Ordnung. Ich fühle mich wohl, wo ich bin. Ich weiß, dass sie mich finden, wenn sie es wollen.«

Dann kehre ich zum Apfelbaum zurück und sehe, dass Etienne nicht mehr da ist. »Vielleicht dachte er ja, es würde länger dauern«, sage ich zu mir selbst und setze mich, um auf ihn zu warten.

Ich lehne mich an den Baum und suche mir eine bequeme Position zum Warten. Doch ich bin zu unruhig zum Sitzen. Daher lasse ich mich zu Boden gleiten und denke im Liegen über meine Verletzlichkeit nach. Offensichtlich wollte ich mit Etienne eine wie auch immer geartete Beziehung eingehen. Der Gedanke erschreckt mich, denn Beziehungen waren noch nie meine Stärke. Die meisten meiner Romanzen fanden ein jähes Ende.

Entweder breche ich dem Mann das Herz oder er mir. Und jedes Mal, wenn ich mir vornehme, nie wieder eine Beziehung anzufangen, stecke ich in der nächsten schon mittendrin. Ich scheine darin also durchaus etwas zu suchen.

Eigentlich sollten Beziehungen etwas ganz Einfaches sein. Schließlich suchen wir alle nach Liebe. Es ist so widersinnig, dass jedes Mal alles an der Unvereinbarkeit der Charaktere, an Eifersucht, Unsicherheit oder den unterschiedlichen Bedürfnissen, was die persönliche Freiheit anbelangt, scheitert. Warum ist es nur so schwierig, jemanden zu finden, den man einfach lieben kann?

Eines Tages ging ich zu einem Vortrag, in dem ein Hellseher über die Welt des Übersinnlichen sprach. Am Ende des Vortrags war noch Zeit für Fragen. Ich hatte damals enorme Probleme in einer Beziehung, daher wollte ich von dem Mann wissen, ob die anderen Welten mir Weisheit schenken würden. Übernatürlichen Phänomenen war ich zwar immer skeptisch gegenübergestanden, gleichzeitig war ich aber so verzweifelt, dass ich bereit war, mich diesen Welten zu öffnen, nur um eine Antwort zu erhalten. Als ich meine Frage stellte, schloss der Mann die Augen und sprach dann den Namen des Mannes aus, mit dem ich gerade Probleme hatte. Das beeindruckte mich tief, denn ich hatte diesen Namen nicht genannt. Ich setzte mich anders hin, so dass bereits meine Körperhaltung mehr Offenheit signalisierte.

Er stellte mir eine Gegenfrage: »Sie wollen eigentlich wissen, wie es mit dauerhaftem Glück aussieht, nicht wahr?«

»Ja, vermutlich«, gab ich zurück.

»Es gibt kein dauerhaftes Glück.«

Meine Energie sank tief in die Erde hinab. Was sollte ich mit dieser Information bloß anfangen?

Diese Episode war für mich der Anfang vom Ende. Ich machte mich auf, den Mythos vom dauerhaften Glück zu widerlegen, wo ich nur konnte. Dabei geriet ich immer tiefer in den Teufelskreis der Beziehungen und die unerfreulichen Folgen eines gebrochenen Herzens erlebte ich mehr als einmal.

Ich sehe zum Nachthimmel hinauf. Ich wäre wirklich gern mit

Etienne zusammen. Ich kenne ihn zwar nicht, aber mein Herz hat Sehnsucht nach ihm. Da geht mir eine Frage durch den Kopf, die mein Baumfreund mir gestellt haben könnte: »Welche deiner Qualitäten projizierst du auf diesen Mann?«

»Vielleicht sind ja wirklich Projektionen im Spiel«, gestehe ich mir ein. Ich mochte vor allem seinen Charme, seinen Witz und seine Selbstsicherheit. Das sind ganz sicher Eigenschaften, die ich auch an mir selbst gerne sähe. Aber Projektion oder nicht – meine weiblichen Hormone melden sich deutlich zu Wort. Ich fühle mich von diesem Mann angezogen, und zwar auf einer Ebene, die über Spiritualität oder Persönlichkeit weit hinausgeht. Ich begehre Etienne. Und er ist nicht hier. Und wenn ich ihn nun niemals wieder sehe? Nun, dann wird der Aufruhr der Hormone wohl vorübergehen und ich werde mein Leben einfach weiterleben. Ich kenne diesen Zustand schließlich.

Ich lenke meinen Blick weg von der Schönheit der Sterne und schaue auf die Mondsichel, die gerade sichtbar wird. Auch jetzt höre ich den Mond mit einer weiblichen Stimme nach mir rufen. Ich wünschte, ich wüsste, wie ich mich dieser Stimme öffnen kann.

Im nächsten Moment fallen mir die Augen zu und ich sinke in tiefen Schlaf.

Ich wache in einem Krankenzimmer auf. Rundherum bin ich an alle möglichen Monitore angeschlossen. Was eine ganz einfache Operation hätte werden sollen, wurde von der Natur selbst, welche die Erde zum Beben brachte, zu einem gefährlichen Ereignis. Ich spüre heftige Schmerzen, kann nicht klar sehen. Mir ist kalt und meine Stimme ist zu schwach, um Hilfe zu holen. Meine Gliedmaßen lassen sich nicht bewegen. Vielleicht bin ich noch nicht ganz in meinen Körper zurückgekehrt?

Die Tür ist offen und ich sehe auf dem Flur die Menschen

geschäftig hin- und herlaufen. Wenigstens kann ich langsam besser sehen. Doch in diesem Zustand bin ich völlig hilflos. Hoffentlich kommt bald jemand, um nach mir zu sehen.

Plötzlich beginnt mein Herz zu klopfen. Ich sehe Etienne auf dem Flur. Er spricht mit den Schwestern. In seiner Hand hält er einen Blumenstrauß.

Doch mein Körper ist so voller Schmerzen, dass er mein Bewusstsein nicht mehr länger halten kann, und so schlüpfe ich zurück in die Ohnmacht.

Ich treibe an Sternen und Planeten vorüber. Durch Wolkenbänder hindurch zieht es mich nach oben, weit über die Kristallstadt hinaus, in der ich Jonathan und Leah kennen gelernt und beobachtet habe, wie die Lichter in die Welt hinein geboren wurden.

Schließlich erreiche ich einen mir völlig unbekannten Teil des Nachthimmels. Von hier aus kann ich den Mond sehen. Er bereitet sich gerade auf seinen neuen Zyklus vor. Ich höre Wasser rauschen, und als ich mich umsehe, bemerke ich, dass ich am Ufer eines Flusses stehe. Eine Frau sitzt dort. Im Näherkommen sehe ich, dass sie ihr Haar bürstet. Der zarte Duft von Ambra erfüllt die Luft.

»Komm ruhig näher«, sagt sie mit einer Stimme, die viel kräftiger klingt, als ihr zierlicher Körper dies vermuten ließ.

Als ich – von ihrer Gegenwart wie magisch angezogen – auf sie zugehe, steht sie auf. Sie hat schulterlanges schwarzes Haar, dunkle Haut und Augen so schwarz wie die Nacht. Vor dem Hintergrund ihrer kobaltblauen Tunika hebt sich der goldene Schmuck funkelnd ab. Sie scheint mir durch und durch irdisch zu sein, ganz im Gegensatz zu meiner ersten Lehrerin im mitternachtsblauen Gewand. Und doch hat sie etwas Magisches an sich.

»Willkommen in meinem Reich. Ich bin Isis, die Göttin«, verkündet sie.

»Vielen Dank«, antworte ich. »Mein Name ist C Alexandra.«

»Ich weiß«, gibt sie zurück. »Ich beobachte dich schon länger.«

Ihr Körper ist fest und robust. Liebe scheint aus jeder ihrer Poren zu strömen. Sie macht den Eindruck, als ob sie durch nichts zu erschüttern wäre. Die Energie bedingungsloser Liebe und unermesslicher Stärke umgibt sie. Sie ist pure weibliche Kraft.

Isis kehrt zu ihrem Platz am Ufer zurück. Ich setze mich neben sie. »Ich habe dich beobachtet, als du diesen Mann getroffen hast«, fährt sie fort, von neuem ihr seidig schwarzes Haar bürstend. »Was rufst du nun in dein Leben?«

»Ich begehre diesen Mann«, gebe ich zur Antwort, der Mahnung der Anakonda eingedenk.

»Weißt du eigentlich, worum du bittest?«

»Nein, aber mein Körper bebt vor Verlangen, und ich bin bereit, das Risiko einzugehen.«

»Ich verstehe.« Unvermittelt hört sie auf, ihr Haar zu kämmen, und sieht mich an. »Lockst du ihn an oder vertraust du darauf, dass er von selbst zu dir kommen wird?«

»Ich begehre diesen Mann«, wiederhole ich.

»Bitte, setz keine übersinnlichen Kräfte ein, um ihn zu dir zu holen«, bittet sie mich. »Du würdest es für den Rest deines Lebens bereuen. Wenn es dir bestimmt ist, mit ihm zusammen zu sein, C Alexandra, dann solltest du ihn freiwillig zu dir kommen lassen.«

»Aber wie kann ich mein weibliches Begehren kontrollieren? Ist es denn nicht normal, um jemanden zu werben, wenn man ihn haben will?«

»Ja und nein. Es hängt davon ab, was du erreichen möchtest. Wenn du Vergnügen für eine einzige Nacht suchst, ist dein jetziges Verlangen das richtige Instrument. Wenn du aber eine tiefere Beziehung willst, dann musst du über dieses Verlangen hinausgehen. Meiner Ansicht nach suchst du mehr als nur ein kurzes Abenteuer.

In dir erhebt sich allmählich eine weibliche Macht, die dir bislang unbekannt war. Für diese Kraft suchst du einen Partner. Wenn er dieser Mann ist, dann solltest du zulassen, dass er auf seinen eigenen Beinen zu dir kommt. Wenn du den Charme und den Zauber, von dem du sprichst, weiterhin einsetzt, wird die Magie am Ende verfliegen. Und was hättest du dadurch gewonnen? Du fändest dich einmal mehr in einer gestrandeten Beziehung wieder, die zwei Menschen fassungslos zurücklässt, weil sie nicht begreifen, wie sie auf all die Illusionen hereinfallen konnten. Vielleicht solltest du es jetzt einmal auf andere Art versuchen.

Du stehst am Beginn des größten Abenteuers in deinem Leben. In einer Beziehung kannst du den Funken wahren Verstehens entzünden, den du suchst. Erinnere dich: Wahre Liebe geht tiefer als jedes Wissen. Und du stehst kurz davor, den Pfad der wahren Liebe einzuschlagen.«

»Aber ich will gar keine wahre Liebe.«

»Zu spät, meine Liebe«, meint sie mit einem Ausdruck tiefen Mitgefühls in ihren Augen. »Du hast bereits darum gebeten.«

Ein rosaorangefarbener Schimmer am Morgenhimmel weckt mich. Mein Herz ist schwer. Es ist heller Morgen und Etienne ist nicht zurückgekehrt. Außerdem hat mich das Treffen mit Isis ängstlicher und noch verwundbarer gemacht. »Was habe ich da wohl in mein Leben gezogen?«, frage ich mich. Was für eine Achterbahnfahrt mag mich jetzt wieder erwarten?

Ich muss wieder klar werden in meinem Kopf. Der Teich scheint dazu das ideale Mittel. Es wird zwar ziemlich kalt werden, aber ein wenig frisches Wasser hat noch niemandem geschadet. Ich sehe mich kurz um, und da ich völlig allein zu sein scheine, lege ich meine purpurfarbene Jacke ab, schlüpfe aus meinen Kleidern und springe kopfüber ins Wasser. Das Wasser macht mich richtig wach, ja, es scheint sogar alle Wunden hinwegzuwaschen, die mir aus meinem Verlangen entstanden sind.

Ich genieße das kühle Wasser auf meinem Körper. Während des Schwimmens stelle ich mir vor, wie ich meine Zellen mit dem Wasser verschmelze, so dass ich zum Wasser *werde*. Wasser hat keine Probleme mit Schnelligkeit oder Hindernissen. Es fließt aus der Erde und ändert seine Richtung, je nachdem, was seinen Weg versperrt.

Eine tiefe Stimme reißt mich aus meinem Einssein mit dem Wasser: »Guten Morgen.«

Erschrocken blicke ich auf. Etienne steht am Teichrand.

»Wie ist das Wasser?«, fragt er.

»Köstlich!«, antworte ich. »Es ist kalt, aber sehr erfrischend. Möchten Sie sich mir anschließen?«

Etienne legt seine Kleider ab. Sein Körper ist ausgesprochen muskulös. Im Wasser wirkt er sicher und elegant. Er ist ganz offensichtlich ein erfahrener Schwimmer. Vielleicht hat auch er sich mit dem Geist des Wassers vereint. Er taucht mit Leichtigkeit tief unter die Oberfläche, kommt wieder nach oben und spielt dabei mit den kleinen Wellen, die er verursacht. Schließlich schwimmt er auf mich zu.

Da ich mich die ganze Zeit an einer Stelle im Wasser aufgehalten habe, bin ich etwas außer Atem.

»Es tut mir Leid, dass ich letzte Nacht so sang- und klanglos verschwunden bin. Ich hoffe, Sie haben das nicht persönlich genommen. Manchmal erfasst mich eine bestimmte energetische Strömung, und wenn ich ihr nicht folge, verpasse ich eine gute Gelegenheit.«

»Wie meinen Sie das?«, stottere ich.

»Die Energie eines spirituellen Meisters, den ich schon lange einmal kennen lernen wollte, zog durch den Garten, nachdem Sie fort waren. Ich musste dem Impuls einfach folgen, denn ich wusste ja nicht, wann sie wiederkommen würde.«

»Etwas Derartiges ist mir bisher noch nicht passiert, obwohl auch ich bereits einige Erfahrungen mit diesen Impulsen habe. Aber ich war gestern doch ein wenig erstaunt, als mir klar wurde, dass sie nicht zurückkommen würden. Selbstsicherheit ist nicht gerade meine starke Seite, daher dachte ich, ich hätte Sie irgendwie beleidigt. Auf jeden Fall war es nett, im Freien zu schlafen, und ich hatte einen sehr kraftvollen Traum letzte Nacht. Daher nehme ich an, dass alles in Ordnung ist.«

»Ihre Lippen sind schon ganz blau. Wir sollten an Land gehen.«

Wir schwimmen zur selben Zeit los, und ich habe Mühe, mit Etienne »Schritt zu halten«. Es macht mir Freude, mit ihm zu schwimmen. Ich fühle mich im Wasser wohl, und jetzt habe ich ein Gefühl, als würde mich jemand in einer Wiege schaukeln.

Am Uferrand zieht Etienne sich hoch und dreht sich dann zu mir um: »Ich weiß, wo wir Handtücher finden. Einen Augenblick. Ich bin gleich wieder zurück.«

Durch eine Seitentür verschwindet er ins Schloss. Er scheint sich gut auszukennen, denke ich. So als ob er hier zu Hause wäre. Mir kommt das Schloss mit all dem Land darum herum eher wie eine Erscheinung vor, so als ob alles sich jeden Augenblick in Luft auflösen könnte. Manchmal habe ich das Gefühl, dass nur meine Energie hier alles zusammenhält.

Ich ziehe mich aus dem Teich und schüttle das Wasser von mir ab. Dann schlüpfe ich in meine warme Jacke und rolle mich unter dem Baum zusammen. Bald kehrt Etienne zurück.

»Hier!«, ruft er und wirft mir ein marineblaues Badetuch zu.

»Danke!« Ich fange es auf und wickle mich darin ein, bevor ich die Jacke wieder fallen lasse. Ich bin froh, dass das Handtuch mich vom Nacken bis zu den Knien verhüllt. Ich bin noch nicht bereit, diesem Mann meinen Körper zu zeigen, obwohl es mich natürlich reizen würde.

»Sie sehen gut aus in Blau.«

»Danke!« Ich bin nervös und das macht mich immer ein bisschen einsilbig.

»Hier ist eine Decke, auf die wir uns setzen können.« Etienne breitet eine rotweiß gemusterte Decke auf den Boden.

Ich lege mich auf die Decke, betrachte, wie die Sonne in allen Orangetönen aufgeht, und stelle fest, dass ich hungrig bin.

Etienne, der mir lebhafter erscheint als gestern, sagt: »Sie müssen hungrig sein. Warten Sie hier. Ich werde uns ein paar Früchte pflücken.«

»Soll ich helfen?«

»Bleiben Sie ruhig liegen. Mir macht das Spaß.«

Die Sonne strahlt allmählich immer mehr Wärme aus. Ich

lasse ihre Strahlen nährend in meine Zellen eindringen. Obwohl ich mich nach der natürlichen Erdigkeit der Orte sehne, die ich in dieser Welt bereits kennen gelernt habe, gefällt es mir hier. Und ich bin glücklich, mit Etienne zusammen zu sein. Dass ich Gelegenheit hatte, seinen Körper ausgiebig zu betrachten, hat mein Verlangen nach ihm nicht gerade verringert.

Er kommt mit einem Arm voller Früchte zurück und legt sie auf die Decke. Ich setze mich auf und ziehe das Handtuch eng um mich. Je enger mich das Tuch umhüllt, umso sicherer fühle ich mich.

»Möchten Sie mir von Ihrem Traum erzählen?«, fragt Etienne, während er sich setzt und die Hand nach einem Apfel ausstreckt.

»Ich weiß nicht recht, ob ich dazu schon bereit bin ... Ich traf eine wunderschöne Lehrerin, die eine sehr tiefe Botschaft für mich hatte, und habe das Gefühl, dass sie sich erst ein wenig setzen muss.« Wie kann ich ihm denn sagen, dass ich von der ägyptischen Göttin Isis geträumt habe, die mir prophezeit hat, dass ich meine wahre Liebe treffen würde?

Nach ein paar Minuten füge ich hinzu: »Ich hoffe, Sie sind nicht beleidigt, weil ich nicht darüber sprechen möchte. Es ist nur ... diese Erfahrung war etwas sehr Persönliches.«

»Aber bitte! Ich würde niemals in Ihren persönlichen Raum eindringen wollen. Ich bin sicher, dass Sie Ihre Erfahrung mit mir teilen werden, wenn der richtige Zeitpunkt dafür gekommen ist.«

Das mag ich so an Etienne. Ich kämpfe in Beziehungen ständig um mehr Freiraum. Er hingegen kommt mit seinen Grenzen offensichtlich ganz gut klar. Männer scheinen damit überhaupt weniger Probleme zu haben.

»Und Sie?«, frage ich. »Möchten Sie mir erzählen, wohin sie letzte Nacht gingen?«

»Auch ich kann nicht viel darüber sagen, weil meine Erfahrung ebenfalls sehr persönlich ausfiel. Ich traf auf die hinduistische Göttin Kali. Sie weiß viel über den Tod des Ego. Das ist Teil meiner Praxis.«

»Ich habe auch eine Göttin getroffen, die ägyptische Isis. Wissen Sie vielleicht mehr über sie?«

»Ich habe ihren Namen schon gehört. Aber von der Weisheit des alten Ägypten fühle ich mich nicht so angezogen. Worum geht es in ihren Lehren?«

»So genau weiß ich das selbst noch nicht. Ich habe sie ja gerade erst kennen gelernt. Sie ist eine bezaubernde Frau, von der ihr eigenen Kraft ganz erfüllt. Und sie kennt die Wege des Weiblichen ziemlich genau. Ich freue mich schon darauf, sie wieder zu sehen.«

»Das ist schön. Manchmal kommen diese Lehrer nur für einen ganz kurzen Moment zu uns. Ich hoffe, Sie können mit ihr so viel Zeit verbringen, wie Sie nur wollen. Sie muss Ihnen erschienen sein, um Ihnen im Hinblick auf Ihre eigene Schönheit die Augen zu öffnen. Sie sehen nämlich ganz außergewöhnlich gut aus.«

Wer zieht jetzt wen an? Hat Etienne mich in sein Leben gerufen oder ich ihn in meines? Und wie soll ich das je herausfinden?

Etienne legt den Apfel nieder, den er gerade isst, streckt die Hand aus, fasst mich sanft am Kinn und küsst mich. Mein Verstand versucht schwachen Widerstand, aber mein Körper gibt seinem Drängen auf der ganzen Linie nach. Meine Lippen begegnen seinem Kuss mit derselben Leidenschaft, die ich in mir lodern fühle.

Wir gleiten zu Boden. Mein Handtuch löst sich, als unsere Hände beginnen, einander zu erforschen. Ich bin erstaunt über die tiefe Leidenschaft, die ich für ihn empfinde. Obwohl ich ihn noch kaum kenne, kommt es mir vor, als seien wir einander zutiefst vertraut: Unsere Chemie stimmt einfach und unsere Körper passen perfekt zueinander. Ich öffne mich für seine männliche Energie und umgebe ihn mit meiner weiblichen.

Am Ende unserer stürmischen körperlichen Begegnung bedecken wir einander mit einer Flut von Küssen. Dann legen wir uns zusammen auf die Decke.

»Oooooh! Ich hatte ja schon gewisse Phantasien, die mit dir

zu tun hatten, aber dass es *so* sein würde, hatte ich nicht erwartet«, sage ich.

»Ich habe mich vom ersten Moment an zu dir hingezogen gefühlt«, gibt er zurück.

»Ja, so ging es mir auch. Woher kommt das wohl?«

»Ich weiß nicht.«

»Möchtest du es gerne herausfinden?«, frage ich weiter.

»Natürlich, aber woran denkst du dabei?«

»Wenn du meditierst, erreichst du doch auch ein Stadium der Leere. Kannst du dann intuitive Botschaften empfangen?«

»Manchmal, wenn es nötig ist und wenn ich offen genug bin.«

»Ich habe von meinem Baumfreund gelernt, wie man sich so entspannt, dass man solche Informationen erhält. Wie wäre es also, wenn du dich in der Meditation auf die Suche nach Informationen über unsere Beziehung machst, und ich versuche es auf dem Weg, den ich beherrsche? Was hältst du davon?«

»Ich bin dabei«, antwortet er.

Etienne setzt sich hin, um über den Sinn unserer Begegnung zu meditieren. Ich bleibe auf dem Rücken liegen und visualisiere den Baummann, der mir erklärt, auf welche Weise man Hilfe von anderen Wesen empfangen kann. Ich entspanne mich, und die Reise trägt mich in Bereiche außerhalb des Universums, wie ich es bereits kenne. Ich wandere schnell durch die Zeit zurück. Jetzt komme ich von einer anderen Galaxie und betrachte die Erde, die sich gerade zu formen beginnt. Ich entscheide mich, auf der Erde zu inkarnieren, und in diesem Augenblick teilt meine Seele sich in zwei Energieformen – eine beinhaltet das weibliche Potential, die andere das männliche.

Eine andere Intelligenz beginnt in lautem, unpersönlichem Ton zu sprechen: »Du und Etienne, ihr habt euer Erdenleben als eine Seele begonnen. Etienne ist dein maskuliner Teil, du bist sein femininer. Über Äonen hinweg wart ihr getrennt, und nun habt ihr euch wieder vereinigt, um euch gegenseitig nach Hause zu begleiten.«

Ich bin aufgeregt, als ich mich als Energieform in diese Welt hineinstürze. Ein neues Abenteuer scheint mich zu erwarten.

Dann fällt mit einem Mal die ganze Vision in sich zusammen. Meine Energie zieht sich zurück in meinen Körper. Ich öffne meine Augen und finde mich auf der rotweiß karierten Decke am Teich wieder. Die Sonne scheint und meine Schläfen pochen. Ich bin zu schnell zurückgekehrt und noch nicht wieder geerdet.

Ich sehe hinüber zu Etienne. Er hat die Augen immer noch geschlossen; sein Gesicht erscheint sanft und friedlich. Auch sein Atem geht ruhig. Ich liebe es, ihn anzusehen. Dann senke auch ich die Lider, atme tief durch und gehe durch jeden Teil meines Körpers. Ich fühle mich überall wie taub. Ich atme weiter und spüre, wie mein Körper auf der Decke aufliegt. Ich bewege die Zehen ein wenig und wandere mit der Aufmerksamkeit langsam zum Kopf hinauf. An diesem Punkt macht sich meine weibliche Energie bemerkbar, die ihren Partner sucht. Ich brenne vor Verlangen nach Etienne. Ich bin also wieder da.

Als ich die Augen öffne, sehe ich Etienne zum Teich hinüberblicken. Obwohl er und ich die wohl intimste Erfahrung hatten, die Menschen miteinander teilen können, bin ich mir nicht sicher, ob ich ihn gut genug kenne, um ihm von meiner Vision zu berichten. »Warte einfach, ob er selbst etwas erzählt«, meldet sich mein Verstand zu Wort.

Stattdessen plappere ich sofort aufgeregt drauflos: »Ich hatte eine höchst erstaunliche Vision. Vielleicht findest du sie ja verrückt; aber ich muss dir einfach erzählen, was ich gesehen habe.« Ich berichte ihm alles, was ich in meinem veränderten Bewusstseinszustand erlebt habe: Wie ich dieses Universum verlassen und zum Anbeginn der Zeiten zurückgewandert bin, als die Erde gerade geboren wurde. Und was die Intelligenz mir mitteilte.

Etienne hört mir zu und sieht mich dabei aus seinen großen, braunen Augen an. Ich erkenne, dass die aus unserer Begegnung neu gewonnene Intimität sowohl seinen Blick als auch seine Energie viel sanfter macht. Ohne ihm Zeit für eine Reaktion zu lassen, frage ich: »Und was hast du gesehen?«

»Ich hatte haargenau dieselbe Vision.«

Voll grenzenloser Verwunderung sehen wir einander in die Augen und lachen.

Etienne erhebt sich, hüllt sich in ein grünes Badetuch und reicht mir die Hand. »Komm mit mir«, sagt er.

Ich erhebe mich, ziehe das blaue Badetuch eng um meinen Körper und folge ihm zum Teich.

Dort nimmt er mich in den Arm und küsst mich. Dann setzt er sich ins Gras und zieht mich liebevoll zu Boden, so dass ich mit dem Rücken zu ihm sitze. »Lass uns unser Spiegelbild im Wasser betrachten.«

Ich lehne mich zurück und Etiennes einladender Körper empfängt mich. Ich spüre seine warme Haut direkt auf meiner und gebe mich ganz der Freude hin, die seine Umarmung in mir auslöst. Dann lehnen wir uns nach vorne und betrachten unser Spiegelbild im stillen Wasser.

»Wir sehen aus wie Bruder und Schwester«, fällt mir auf.

»Denkst du das wirklich?«, fragt er.

»Aber ja. Schau doch einmal genauer hin.«

»Tatsächlich. Du siehst mir ähnlicher als meine leibliche Schwester.«

Diese Bemerkung ruft mir wieder einmal ins Gedächtnis, wie wenig ich über diesen Mann eigentlich weiß. Und trotzdem fühle ich mich ihm sehr nahe.

Im Spiegel der Wasseroberfläche beobachte ich, wie Wolken sich am Himmel eilig zusammenballen. Ein leichter Wind kommt auf und sofort wird die Luft empfindlich kühl. Wir sehen zum Himmel hinauf. Schwarze Wolkenmassen türmen sich am Horizont. Plötzlich wird der Wind stärker und Donnergrollen erklingt aus der Ferne. Weit weg am Horizont zuckt ein Blitz. Ich denke gerade, wie schön es ist, sicher in Etiennes Armen zu beobachten, wie sich ein Sturm zusammenbraut, als ein gewaltiger Donnerschlag mich aus meiner Träumerei reißt. Die Wolken öffnen ihre Schleusen und übergeben ihre Feuchtigkeit der Erde.

Ein Teil von mir wünscht sich, weiter aus der sicheren Umarmung heraus den Sturm beobachten zu können, doch mittlerweile regnet es in Strömen. Wir laufen zurück, holen Decke und Kleider und eilen so schnell als möglich ins Schloss.

Mit unseren nassen Sachen platzen wir mitten in einen mit Teppichen ausgelegten Raum. Die Teppiche sind himmlisch weich und von zart beiger Farbe. Am anderen Ende des Raums steht ein altmodisches, grün gepolstertes Sofa von gewaltigen Ausmaßen, daneben ein paar Lehnsessel im selben Stil und ein paar aus Holz geschnitzte Stühle. Ich schüttle meine Kleider aus und ziehe sie an. Etienne tut dasselbe. Dann hängen wir die Decke und die Badetücher über die Holzstühle.

»Setz dich doch«, sagt Etienne, als wolle er mich in seinem Heim willkommen heißen. »Ich werde uns ein Feuer machen.«

»Du scheinst dich hier gut auszukennen. Verbringst du viel Zeit im Schloss?«, frage ich ihn, während ich mich auf das Sofa fallen lasse.

»Ja, so ist es. Wenn wir erst ein bisschen trockener geworden sind, möchte ich es dir kurz zeigen. Ich glaube, es wird dir gefallen.«

Etienne zündet ein einladendes Feuerchen an und setzt sich dann neben mich. Es gäbe so viel zu sagen und doch fällt kein Wort zwischen uns. »Was sagt man wohl zur anderen Hälfte seines Selbst?«, frage ich mich. »Und wo wird das alles hinführen?«

»Die Botschaft, die wir erhielten, war ziemlich gewaltig«, sage ich schließlich und lasse mich tiefer in die weichen Polster sinken. Seit meinem Abschied vom Krankenhaus habe ich nicht mehr in weich gepolsterten Möbeln gesessen, und obwohl mein Körper es genießt, rebelliert irgendetwas in mir dagegen, von der Natur getrennt und in einem so künstlichen Ambiente zu sein.

Etienne starrt ins Feuer. Wieder zeigen seine Augen diesen leeren Blick. »Wenn ich in mich hineingehe und die Botschaft überprüfe, klingt sie richtig«, meint er. »Und doch weiß ich nicht, was ich damit anfangen soll. Ich führe vielleicht ein einfaches, aber letztlich doch ein recht erfülltes Leben. Und es gibt noch so viel, was ich erforschen möchte. Dafür brauche ich Zeit. Komm mit. Ich möchte dir etwas zeigen.«

Er springt auf und eilt zu einem großen Spiegel in der Ecke des Raumes. Ich fühle eine seltsame Leere in meinem Magen – ein Gefühl, das mich immer dann befällt, wenn ich den Eindruck habe, dass sich der Boden unter meinen Füßen auftut und ein gewaltiges Loch entsteht. Widerstrebend stehe ich auf und stelle mich neben ihn.

»Dieser Spiegel ist das Tor zu einer anderen Welt«, erläutert er. »In jedem Raum dieses Schlosses steht ein solcher Spiegel. Darüber hinaus befinden sich in jedem einzelnen Raum Gegenstände aus anderen Epochen und anderen Erdteilen. Wenn ich in einen dieser Spiegel sehe und mich darauf konzentriere, in die Zeit einzutreten, die der Raum repräsentiert, dann kann ich in diese Epoche reisen. Die Oberfläche des Spiegels wird zuerst flüssig und dann zu einer Art gasförmigem Nebel, durch den ich hindurchgehen kann. Ich habe viel Zeit damit verbracht, mit Hilfe dieser Spiegel verschiedene Länder und Zeiten zu besuchen. Ich möchte meine Entdeckungsreisen noch nicht aufgeben, denn es gibt dort noch so viel für mich zu lernen.«

»Ich könnte dich auf einigen deiner Reisen begleiten. Und du wiederum kommst zu einigen meiner Abenteuer mit. Wir könnten viel Spaß haben, wenn wir auf diese Art und Weise reisen würden.«

»So einfach ist das nicht, C. Ich bin ein Einzelgänger, der sehr viel Raum braucht. Ich weiß nicht, ob ich diese Erfahrungen jetzt bereits mit jemandem teilen möchte. Vielleicht später, aber nicht jetzt.«

»Du kannst so viel Zeit und Raum haben, wie du brauchst. Aber meine Intuition sagt mir, dass hinter deinem Widerstand noch etwas anderes steckt. Hast du mir wirklich alles gesagt?«

»Darüber können wir später noch sprechen. Soll ich dir jetzt das Schloss zeigen?«

»Nein. Mein Herz tut weh. Lass uns jetzt über alles sprechen.«

»Gut. Es gibt da noch jemanden. Verstehst du, ich hatte mit dem, was zwischen uns geschehen ist, nicht gerechnet. Die Anziehung war so stark, dass ich nicht daran gedacht habe, was später aus uns werden soll. Du etwa?«

»Es gibt jemand anderen in deinem Leben?«, frage ich ungläubig. »Sieh mal, Etienne. Du hast ja nichts falsch gemacht, weil du mit mir geschlafen hast. Ich wollte es genauso sehr wie du. Doch nach allem, was wir zusammen erlebt haben, kann ich nicht einfach sagen: ›Tschüs, bis bald.‹ Etienne, ich will mehr. Ich bin jederzeit bereit, dir alle Zeit und allen Raum der Welt zu geben, aber ich werde dich nicht gehen lassen.«

»Das musst du aber, C. Ich bin nicht bereit für dich. Ich bin nicht bereit für uns.«

»Wie kannst du mir das antun?«

»Ich tue dir gar nichts an. Sieh mal, es tut mir Leid. Ich wollte dich nicht verletzen. Dieses Gespräch wird uns nicht weiterhelfen, wenn du dich nicht beruhigst und beginnst, wirklich mit mir zu kommunizieren. Es nützt nichts, wenn du mich anklagst, weil ich dir angeblich weh getan habe.«

»Es tut mir Leid, wenn ich aufgewühlt wirke. Aber ich bin einfach nicht gewillt zuzusehen, wie eine so außergewöhnliche Gelegenheit zu persönlichem Wachstum sich vor meinen Augen in Luft auflöst.«

»Ich verstehe. Und mir tut es auch Leid. Aber ich werde mich nicht auf eine hysterische Diskussion voll wüster Anklagen und Schuldzuweisungen einlassen. In dieses Stadium möchte ich einfach nicht zurückfallen. Setzen wir uns doch ans Feuer, damit wir ein wenig in unsere Mitte zurückfinden.«

Ich weiß nicht, ob ich mit Etienne je eine höfliche Konversation führen kann. Meine Weiblichkeit ist zutiefst gekränkt. Mein Körper brennt vor Verlangen, und er sagt mir, dass er es nicht stillen kann. »Ich kann mich jetzt nicht rational über all das unterhalten«, sage ich mir.

»Komm, setz dich zu mir aufs Sofa. Wenn du gehen möchtest, tu es. Aber wenn du mit mir zusammen sein willst, dann setz dich.«

Widerwillig komme ich zum Kamin und lasse mich in einen Sessel neben dem Sofa fallen. Schließlich ist er nicht der Einzige, der Raum braucht! Die Gefühle, die in mir lodern, sind so sehr außer Kontrolle geraten, dass ich nicht sicher bin, ob ich diese Begegnung mit Würde beenden kann.

»Wie kannst du nur!«, bricht es ungewollt aus mir heraus.

»Schau mal, C. Ich liebe dich wirklich. Aber für jede Liebe, für jede innere Verpflichtung gibt es eine richtige Zeit. Für mich ist jetzt nicht der richtige Zeitpunkt.«

»Wer ist diese Frau? Liebst du sie? Hast du *ihr* auch gesagt, dass du nicht bereit bist, eine Verpflichtung einzugehen?«

»Sieh mal, ich werde mich auf diese Art Gespräch mit dir nicht einlassen. Du bist im Moment nicht offen dafür. Du willst mich nur anklagen und beschuldigen. Es tut mir Leid, dass du dich so verletzt fühlst, aber ich muss dich jetzt verlassen.«

Etienne steht auf und verlässt den Raum. Ich bleibe sitzen, voller Zweifel: Soll ich ihn aufhalten oder ihn gehen lassen? Kann ich es mit mir selbst vereinbaren, wenn ich ihn jetzt einfach laufen lasse? Die Antwort lautet: »Nein.« Ich würde mir das nie verzeihen. Ich brauche einfach mehr Zeit mit ihm.

Eilig laufe ich aus dem Zimmer und die Halle hinunter. Ich spüre seine Energie rechts, also wende ich mich nach rechts und komme zu einer offenen Tür. Als ich den Raum betrete, sehe ich Etienne gerade noch durch den Spiegel gehen.

Ich schaue mich im Zimmer um. Das Dekor scheint mir chinesisch. Links von mir steht ein langer, mit Jadeschnitzereien verzierter Tisch. Auf der Wandtäfelung finden sich rote Schlangen und einbeinige Drachen. Der Kamin zu meiner Rechten trägt ein paar dekorative Ritualgefäße aus Bronze. Ich gehe auf den Spiegel zu und bitte ihn, mich einzulassen. Schon verformt das Glas sich und wird zuerst flüssig, bevor es sich in einen dichten Nebel verwandelt. Und ich schlüpfe hindurch.

Ich purzle in einen Tunnel hinein. Mein innerer Aufruhr hat wahrscheinlich ein ungleichmäßiges Energiefeld geschaffen, das mir nun in Form dieser holperigen Reise durch den Tunnel zurückgespiegelt wird. Ich habe keinen Einfluss auf die Ge-

schwindigkeit und bremsen kann ich schon gar nicht. Schließlich lande ich unsanft auf dem Boden.

Wie viele andere Orte, die ich in dieser Welt bereits besucht habe, so wird auch dieser von einem schnell fließenden Strom durchschnitten. An einigen Stellen ist die Strömung sehr stark. Zu beiden Seiten des Flusses ziehen sich schöne Wälder hin. Ich suche zwischen den Bäumen nach Etienne, kann ihn aber nicht entdecken. Außerdem ist mir nicht klar, wo ich bin. Alles, was ich weiß, ist, dass ich mich schrecklich fühle. Wie konnte eine Erfahrung, die so schön und stimmig begann, zu einer solchen Enttäuschung werden? »Hätte ich doch nur mehr Würde bewahrt ...«, flüstere ich vor mich hin. Und was sollte ich jetzt mit diesem Verlustgefühl anfangen? Ich fühle mich, als hätte mir jemand das Herz herausgerissen. Dieser bohrende Schmerz wird wohl in nächster Zeit mein Gefährte bleiben. »Ich will das nicht noch einmal erleben«, sagt mein Verstand mit Nachdruck.

»Warum setzt du dich nicht ein wenig zu mir?« Die Stimme scheint direkt aus dem Fluss zu kommen. Spricht sie etwa zu mir? Nach allem, was ich hier erlebt habe, würde mich das nicht wundern.

Ich gehe auf den Fluss zu und entdecke dort schließlich einen Mann, der auf einem Felsen sitzt und sich über das Wasser beugt. Sollte das Etienne sein? Bei dieser Frage spüre ich die wohl bekannten Schmetterlinge im Bauch. Ich merke nicht, dass mein Begehren mich auf die falsche Spur geführt hat – bis ich sehe, dass der Mann ziemlich alt sein muss. Im Näherkommen erkenne ich Laotse. Nun treffen wir uns also doch noch!

»Ich suche einen Freund, der hier entlanggekommen ist«, sage ich laut. »Können Sie mir helfen?«

»Ich habe niemanden vorbeikommen gesehen. Aber warum setzt du dich nicht ein wenig zu mir an den Fluss?«

»Ich habe gerade einen großen Verlust erlitten und habe keine Lust, mich hinzusetzen und zu plaudern. Vielleicht ein andermal. Jetzt muss ich nach meinem Freund suchen.«

»Ich bezweifle sehr, dass du deinen Freund hier finden wirst.

Setz dich ruhig einen Augenblick – der Fluss wird dir helfen, deine aufgewühlten Gefühle zu beruhigen.«

Mein Verstand droht langsam heiß zu laufen. Wie komme ich dazu, in einem mir völlig fremden Land nach Etienne zu suchen? Er kann überall sein. Vielleicht ist er sogar durch einen anderen Tunnel gekommen. Vielleicht würde es mir ja helfen, wenn ich mich zu dem alten Mann setzte.

»Sie sehen aus wie der chinesische Weise Laotse, der früher einmal auf der Erde lebte«, sage ich zu ihm, während ich mich auf einem Felsen neben ihm niederlasse.

»Ich bin die Energie, die ihr ›Laotse‹ nennt.«

Obwohl ich nicht recht weiß, was das heißen soll, erzähle ich ihm weiter von meinen Erfahrungen: »Vor kurzem hatte ich eine Vision, in der Ihr Gesicht auftauchte. Sie sahen mich an und sagten: ›Du hast alles vergessen, was ich dir beigebracht habe.‹ So als ob Sie mich kennen würden.«

»Du warst früher einer meiner besten Schüler. Seit ich dich zum letzten Mal gesehen habe, hast du wirklich eine Menge vergessen.«

»Was soll ich denn vergessen haben?«

»Dass Leben Veränderung ist. Betrachte einen Augenblick lang den Fluss. Er lässt sich auf seinem Weg zur Mündung nicht beirren. Sandbänke, Felsen und viele andere Hindernisse stellen sich ihm in den Weg, doch er wandelt sich und umgeht sie so. Und trotz all der Veränderungen hört er niemals auf weiterzufließen.

Genau so ist das Leben. Dein Weg wird immer wieder von anderen Pfaden gekreuzt werden. Es gibt viele Situationen, die dich an der Rückkehr zur Quelle hindern wollen. Du musst lernen wie du mit dem Fluss des Lebens gehen kannst. Genau wie der Fluss, die Sterne, die Sonne, der Mond und der Wind musst du lernen, auf die natürlichen Kräfte, die dich bewegen, zu reagieren. Jeder Versuch, den natürlichen Rhythmus des Lebens zu behindern, wird Disharmonie mit sich bringen. Hör auf, angestrengt durch die Wasser zu steuern. Lass einfach zu, dass das Leben dich dorthin trägt, wohin es dich bringen soll. Dein Lebensweg wird sowohl Stromschnellen als auch breite, sichere Abschnitte haben. Lass dich tragen.«

»Mir ist auch aufgefallen, wie wichtig Flexibilität im Leben ist. Ist es das, was ich vergessen habe?«

»Ja, aber es ist nicht das Einzige. Im Augenblick allerdings ist es für dich sehr wichtig. Du solltest es dir stets aufs Neue ins Gedächtnis rufen.«

»Als ich dich in meiner Vision erblickte, schienst du sehr enttäuscht von mir. Ist das wirklich so oder war das nur meine Projektion?«

»Ich empfinde Achtung vor deinem Weg, C Alexandra. Es gibt keinen ›richtigen‹ Weg, wenn man wachsen will. Alles Leben ist ein Keim des Lichts. Und auch die Äste eines Baumes finden viele verschiedene Wege, sich der Sonne, der Quelle des Lichts, zuzuwenden. Auch für die Menschen gibt es daher viele Wege zu wachsen. Ich achte deinen Pfad und die Reise, die du unternimmst. Ich möchte dich nur ermutigen, es so bewusst wie möglich zu tun. Lass nicht nach in deinem Bemühen. Wach auf und lebe jeden Augenblick voll aus.«

»Viele Lehrer haben mir erklärt, dass das Leben ein Abenteuer ist, das ich genießen kann. Du scheinst mir dasselbe zu sagen, nur in anderen Worten. Du meinst, dass die Freude an diesem Abenteuer etwas damit zu tun hat, ob man sich den natürlichen Rhythmen des Lebens anvertraut, nicht wahr?«

»Ja, genau. Du bist ein Teil der Natur und musst daher im Einklang mit dem Pulsschlag des Lebens, mit seinem Rhythmus leben. Du musst lernen, dich dem Fluss hinzugeben.«

»Das würde mir ja gar nicht so schwer fallen, wenn nur dieses Gefühl des Verlusts nicht so schmerzhaft wäre? Wie soll ich damit nur umgehen? Ich habe eben einen Mann verloren, den ich von Herzen liebe und an dem ich sehr hänge. Ich weiß, dass in der Natur auf den Tod immer eine Neugeburt folgt, aber trotzdem fühle ich mich im Moment schrecklich.«

»Das Leben besteht aus vielen kleinen Toden. Du musst nur die Energie des Schmerzes loslassen, so dass er dich völlig durchdringen kann. Versuch nicht, ihn zurückzuhalten. Schmerz zu unterdrücken ist genauso unnatürlich, wie sich an ihn zu klammern. Lass dich auf den Schmerz ein, erlebe ihn voll und ganz, erst dann wirst du sehen, wie er sich verwandelt.

Wann immer eine Energie sich dir entgegenstellt, sei es nun von außen oder von innen, musst du dich ihr stellen. Wenn du sie ignorierst, wird sie nur stärker. Bedrohst du sie, gewinnt sie noch mehr Kraft. Erst wenn du dich völlig auf sie einlässt, zwingst du sie, sich zu verwandeln. So ist der Lauf der Dinge. Stellst du dich deinem Verlust, wird er sich transformieren. Der Fluss, der auf Felsen prallt und zu einer Stromschnelle wird, bleibt sich selbst treu. Und da er sich selbst treu bleibt, führen die Kräfte der Natur ihn schließlich in einen Zustand der Ruhe zurück.

Jede Situation in deinem Leben ist Teil deiner Reise. Jeder Bewusstseinszustand, den du erlebst, gehört mit zu deinem Abenteuer. Veränderung ist alles, worauf du dich im Leben verlassen kannst. Bleib im Augenblick mit all deinem Schmerz und sieh zu, wie er sich verändert. So erlebst du den unaufhörlichen Fluss des Lebens voller Bewusstsein.«

»Ich danke dir für deine Hilfe. Werde ich dich wieder sehen?«

»Wenn der Fluss des Lebens unsere beiden Strömungen wieder zusammenführen sollte, werden wir uns wieder sehen.«

»Das ist nicht die Antwort, die ich hören wollte. Ich möchte, dass du sagst: ›Ja, wir werden uns wieder sehen. Ich werde immer bei dir sein.‹ Ich fühle mich nicht wohl mit der Ungewissheit.«

»Der Pfad des Lebens ist ungewiss. Auch dies ist Teil der Natur der Dinge. Es ist nicht möglich, immer im fest umgrenzten Reich des Bekannten zu bleiben. Und es ist nicht möglich, herauszufinden, was die Zukunft bringt. Sobald du zu wissen glaubst, was von nun an auf dich zukommt, verändert sich das Bild und du musst dich mit etwas völlig Neuem auseinander setzen. Das Sicherste ist der Wandel. Und die Veränderungen, die noch auf uns warten, liegen im Dunkeln.

Doch solange du dich daran erinnerst, wer du wirklich bist, brauchst du dich nicht zu sorgen. Bleib auf deinem Weg und nimm nie mehr als einen Schritt auf einmal. Es gibt kein Ende. Das einzig Wirkliche ist der Weg. Versuch, deine Reise zu genießen.«

»Auch diese Botschaft habe ich bereits erhalten.«

»Das Leben ist eben viel einfacher, als du denkst. Und genauso einfach sind die Lektionen, die du zu lernen hast. Denk immer daran, wer du bist und dass du in diesem Leben Teil der Natur bist. Empfange das Geschenk des Lebens. Gut, hin und wieder wirst du kleine Tode erleben, doch neues Wachstum und neue Schönheit werden die erfrorenen Blüten ersetzen.

Sieh dich als wachsende Pflanze. Eine Pflanze bringt prächtige Blüten hervor, wenn sie dafür genügend Energie zur Verfügung hat. Je mehr Nahrung sie erhält, umso weniger Energie braucht sie für ihr Wachstum. Wenn dein Wachstum also an irgendeinem Punkt deine Kräfte übersteigt, sieh dich nach einem geeigneten »Nahrungsmittel« um. Dies ist deine Aufgabe. Der Fluss des Lebens bringt dich zu vielen neuen Ufern, doch du selbst musst dabei für genügend Nahrung sorgen. Ich wünsche dir viel Freude auf deiner Seelenreise.«

»Ich danke dir. Ich weiß nicht, ob ich dich je wieder sehen werde, aber zumindest hoffe ich es. Kannst du mir sagen, wie ich an den Ort zurückkomme, von dem ich gekommen bin?«

»Leg dich an den Fluss und ruh dich aus. Während du die Augen schließt, nimmst du dir vor, an diesen Ort zu gelangen. Dann wird dein Traum dich dorthin tragen, sobald du einschläfst.«

Mit diesen Worten steht Laotse auf und greift hinter den Stein, wo er seinen Stock hervorholt – einen langen, gekrümmten, mit wunderbaren Schnitzmustern verzierten Ast. Ein paar Minuten später ist er in den Wäldern verschwunden.

Der Schmerz um Etienne ist immer noch stark. An Schlaf kann ich in diesem Augenblick nicht denken. Außerdem habe ich Angst, dass ich ihn nie wieder finde, wenn ich diesen Ort verlasse. Der Fluss wiegt mich in Trance. Ich beobachte das Wasser, das um die Felsen brandet, und spüre, wie meine Ängste nachlassen. Die Stärke der Strömung spült den Schmerz aus meinem Herzen. Ich denke an die vielen heilsamen Momente, die mir in diesen neuen Welten mit dem Element Wasser schon zuteil wurden. Da ich meine Beziehung zu Etienne nicht weiter erforschen kann, beschließe ich, meine Beziehung zum Wasser näher zu erkunden. Das beruhigt den Aufruhr in meiner Seele auf eine Art und Weise, wie ich sie nie vorher verspürt habe.

Das dunkle Grollen der Brandung und die zugehörigen Wasserschauer lassen meinen Energiepegel sinken. Da ich mich schläfrig fühle, wandere ich zu einer kleinen Bucht und strecke mich dort auf dem kühlen Sand aus. Das Rauschen des Flusses nimmt meine Gedanken und Gefühle mit sich. Von tiefem Frieden erfüllt schlafe ich ein.

Mein Bewusstsein geht in einen angenehmen Traumzustand über. Da ich ihm nicht die Anweisung gegeben habe, ins Schloss zurückzukehren, trägt mein Traum meine Seele an einen neuen Ort – in ein ätherisches Land jenseits der Sterne. Wie auf einem ruhigen See treibe ich zwischen den Wolken dahin. Plötzlich spüre ich, dass ich nicht allein bin, und setze mich überrascht auf. Eine weibliche Lichtgestalt hat sich genähert. Sie trägt eine lange, fließende Robe in zartem Gelb und Blau, die – von den Lichtstrahlen ihres Körpers durchdrungen – leuchtet.

Ich stelle mich ihr vor und frage: »Wer bist du?«

»In eurer Welt kennt ihr mich als Maria.«

Die Gegenwart dieser marianischen Energie flößt mir tiefe Ehrfurcht ein. Pastellfarbenes Licht strahlt von diesem Wesen aus und erleuchtet die dunkelsten Ecken meines Selbst, selbst mein trauriges Herz. »Ich kann mein Licht gar nicht verlieren«, bemerke ich in diesem Augenblick. »Ganz egal, wie viel davon ich vergessen haben mag.« Dieses Vergessen ist es, was mich immer wieder vom Weg abbringt, so wie meine erste Lehrerin in dieser Welt es mir gesagt hat. Wie konnte ich mich nur so schnell aus meiner Mitte bringen lassen? Schließlich war auch Etienne nur ein Mensch.

Maria lässt meine selbstkritischen Gedanken enden, indem sie mir Liebe und wärmstes Mitgefühl sendet. »Unbedingte Liebe erhält man in unserer Welt nur von Welpen. Ein kleiner Hund liebt seinen Herrn, ganz egal, wie dieser sich verhält. Ein Welpe weiß gar nicht, wie er sein Herz verschließen kann«, denke ich.

»Du scheinst mir bedrückt, meine Tochter?«, sagt Maria. »Erzähl mir von deinen Sorgen.«

Ich bin bass erstaunt, weil die höchste weibliche Essenz der Liebe mich als ihre Tochter betrachtet, und mir schießen allerlei Fragen durch den Kopf: »Wenn ich ihre Tochter bin, wie kommt es dann, dass ich ihre Liebe in meinem Leben nicht spüre? Und warum habe ich keine Ahnung, wie ich die Liebe, die sie angeblich gibt, weitergeben soll? Warum habe ich mein Herz so dick eingemauert?«

»Was bereitet dir solchen Kummer, meine Tochter?«, fragt sie noch einmal.

Ich bin verblüfft, weil sie nicht auf meine Fragen antwortet. Ich hatte gehofft, sie würde meine Gedanken lesen und all meine Fragen beantworten wie die anderen Wesen, denen ich in dieser Welt begegnet bin.

Schließlich antworte ich vorsichtig: »Mein Herz hat einen großen Verlust erlitten.«

»Ich spüre deinen Schmerz, doch er geht weit tiefer als der Verlust, von dem du sprichst. Dein Herz bedrückt etwas anderes. Willst du diese Last mit mir teilen?«

»Ich fürchte, dieser Verlust war schmerzlich genug. Er ist mit Sicherheit für all den Kummer, den du bei mir spürst, verantwortlich, Maria.«

»Du musst dir selbst vergeben.«

»Das kann ich nicht.«

»Aber deine Schuldgefühle töten dich, mein Kind.«

»Ich weiß. Ich habe mich mein ganzes Leben lang schuldig

gefühlt, obwohl mir nie klar war, was ich getan haben könnte, um solch intensive Schuldgefühle auszulösen. Ich habe ein Gefühl, als hätte ich etwas grundlegend Falsches getan und müsste jetzt dafür bestraft werden.«

»Du bestrafst dich selbst mit diesen Gefühlen.«

»Schau doch nur mal, was mir gerade geschehen ist. Ich habe einen Mann kennen gelernt. Wir liebten uns. Dann versuchte ich Druck auf ihn auszuüben. Ich wollte mehr, als er zu geben bereit war. Als er um mehr Raum bat, versuchte ich ihn mit bösen Worten zu verletzen. Das hat er nicht verdient. Einmal mehr habe ich jemanden verletzt, nur um das zu bekommen, was ich wollte. Und einmal mehr bleibe ich zurück – voller Schmerz und unerfüllt. Und voller Schuldgefühle, weil ich einen guten Mann mit meinen Worten verletzt habe.«

»Kannst du dich selbst mitfühlend betrachten?«

»Ja, auf einer bestimmten Ebene empfinde ich Mitgefühl wegen meines Schmerzes. Aber hauptsächlich fühle ich mich für andere verantwortlich. Ich bitte dich, Maria, hilf mir, mit meinen Schuldgefühlen fertig zu werden.«

»Schuldgefühle weswegen?«, fragt sie.

»Weil ich nicht richtig lieben kann.«

»Hast du deine Liebe gegeben?«

»Ja, aber ich habe nur Unheil damit angerichtet.«

»Hast du das Gefühl, dass du jemandem etwas schuldig bist?«

»Ja!«, antworte ich.

»Dann ist es keine wahre Liebe. Wahre Liebe gibt man, ohne über das Ausmaß des Gebens oder Nehmens nachzudenken. Lass das Gefühl der Verpflichtung los – du bist niemandem etwas schuldig. Gib einfach nur deine Liebe.

Es ist genau, wie Etienne sagte. Er ist nicht für dein Glück und deinen Schmerz verantwortlich. Genauso wenig, wie du für seinen Kummer und seine Freude Verantwortung trägst. Niemand kann für einen anderen Menschen Gott spielen. So viel Verantwortung erträgt kein Mensch.«

Ich kann nicht glauben, dass das, was Maria mir sagt, mich zum Widerspruch herausfordert, aber genauso ist es: »Ich kenne die Vorstellung, dass wir unsere eigene Realität erschaffen und für unser eigenes Leben verantwortlich sind. Seit ich hier bin, wurde ich immer und immer wieder damit konfrontiert. Aber wie steht's mit der persönlichen Verantwortung? Bin ich für mein Verhalten nun verantwortlich oder nicht? Ich kann doch nicht einfach herumlaufen, Menschen verletzen, weil ich mich verletzt fühle, und am Ende alle Beurteilung meines Verhaltens einfach loslassen.«

»Diese Frage ist ziemlich vielschichtig. Du scheinst viel darüber nachgedacht zu haben. Bitte sprich laut aus, was du denkst. Ich möchte es hören.«

»Als ich noch jünger war, habe ich mit bewusstseinsverändernden Drogen herumexperimentiert und hatte dabei einige spirituelle Erlebnisse. Ich bewegte mich auf dieses große Licht zu, das ich ›Gott‹ nannte. Die reine Liebe, welche dieses Wesen ausstrahlte, verblüffte mich. Sie ähnelte sehr stark der Energie, die von dir kommt. Aber Gott sprach nicht zu mir. Er hatte einfach keine Identität, von der aus er hätte etwas formulieren können. Er hatte keine Form, war einfach nur reines Licht, wie ich es während einer meiner letzten Reisen war. Aber egal. Als ich Gott zum ersten Mal begegnete, wusste ich, dass diese Energie mich lieben würde, ob ich nun Gutes oder Schlechtes tat. Von Gott kam keinerlei Urteil.

Eines Tages traf ich, nachdem ich eine bewusstseinsverändernde Substanz eingenommen hatte, eine weibliche und eine männliche Energie. Auch sie strahlten diese lichtvolle Liebesenergie aus, die ich bei dir spüre. Ich nannte sie ›Mutter-Vater-Gott‹. Stundenlang saßen sie auf einer Bank und sagten zu mir: ›Vergib dir. Wir vergeben dir auch.‹

Aber ich weiß nicht, wie ich das bewerkstelligen soll. Es ist mir ein inneres Bedürfnis, die Verantwortung für das zu übernehmen, was ich tue. Ich möchte mich nicht so einfach von allen Sünden reinwaschen. Verstehst du, was ich meine?«

»Ja. Die Rolle der mütterlichen und der väterlichen Energie ist es, zu lieben und niemanden für die Fehler zu verurteilen, die er macht, während er die Lektionen lernt, für die er auf die Welt gekommen ist. Du siehst nur diesen kleinen Ausschnitt des Bildes, weil du nichts anderes kennst. Doch du musst auch das größere Ganze berücksichtigen.

Nehmen wir doch deine jetzige Situation als Beispiel, denn daran erinnerst du dich sicher am lebhaftesten. Könnte es nicht sein, dass Etienne lernen musste, wie sehr sein Handeln dich verletzt? Sieh mal, Etienne begann diese tief gehende Beziehung mit dir, auch wenn sie nur kurz war, und dann verschwand er plötzlich mit der Begründung, er brauche mehr Raum. Ja, es gibt vielleicht eine geschicktere Art, deine Gefühle auszudrücken. Und es stimmt auch, dass man nur erntet, was man gesät hat. Aber dasselbe gilt auch für ihn. Du legst ein Samenkorn in die Erde und siehst es wachsen. Während du den Keim beobachtest, entscheidest du, ob du beim nächsten Mal dieselben Samen nimmst oder doch lieber andere. Auf diese Art und Weise lernen wir. Das ist das Gesetz des Kosmos: Du erntest, was du gesät hast. Genau das nennt man in anderen Worten ›Karma‹. Das Urteil, das du dir so sehr wünschst, hat mit diesem Gesetz aber nichts zu tun. Es gibt keine Urteile, wie du bei deinem Treffen mit der Energie, die du als ›Gott‹ bezeichnest, herausgefunden hast.

Wenn du so hart zu dir selbst bist, führt das nur dazu, dass du auf deinem Weg nicht weiterkommst. Du lässt keinen Raum für Entwicklung. Versuch stattdessen lieber, aus deinem Verhalten zu lernen. Du kannst darüber nachdenken und dich entscheiden, beim nächsten Mal anders zu handeln. Aalst du dich aber in Schuldgefühlen, wirst du dich niemals ändern. Und was noch schlimmer ist, du verschließt dich damit dem Mitgefühl, ob dies nun aus dir selbst oder von Wesen wie mir kommt.

Du suchst doch nur nach Liebe. Ohne Liebe kann die Pflanze, die du bist, nicht wachsen. Und ohne Wachstum gibt es kein Leben.

Deine Wahlmöglichkeiten liegen klar auf der Hand: Willst du die Liebe des Universums empfangen oder willst du dich ihr verweigern und sterben? Mit dem Luxus weinerlicher Schuldgefühle ist es nun ein für alle Mal vorbei.

Wenn du dein Leben vollkommen ausleben möchtest, dann fang damit an, dich selbst so zu lieben, wie wir es tun. Oder, um mit deinen Worten zu sprechen, wie ein kleiner Hund dich lieben würde. Öffne dich der Gnade der Liebe!«

Mit diesen Worten legt sie die Hand auf meinen Scheitel und lässt so viel Liebe und Licht in mich einströmen, dass ich das Bewusstsein verliere.

Nur langsam werde ich mir der Tatsache bewusst, dass ich schwebe. Ich fühle meinen Körper nicht und kann meine Augen nicht öffnen. Emotional spüre ich nichts. Nur mein Geist ist hellwach und zum ersten Mal seit langer Zeit frei von Geschnatter.

Ich höre Worte in monotonem Singsang: »Du musst die Spaltung heilen.«

»Welche Spaltung?«, frage ich.

»Du hast nach Etienne gefragt. Ihr seid eine Seele. Du musst nur die Entzweiung heilen.«

»Ich kann die Entzweiung nicht heilen, wenn er nicht mit mir spricht.«

»Du musst sie heilen.«

Diese Unterhaltung ist zwar etwas eintönig, aber irgendwie lässt mich das kalt. »Ich kann die Spaltung nicht heilen.«

»Dann wirst du in deinem Leben nie wieder Glück erfahren.«

Ich bin immer noch innerlich taub, habe aber mittlerweile den Verdacht, dass diese Unterhaltung für meine Zukunft wichtiger ist, als es zunächst den Anschein hatte. »Was meinst du damit, dass ich nie wieder glücklich sein werde? Das ist Unsinn. Ich glaube dir kein Wort.«

»Du und Etienne, ihr seid eine Seele. Deine Aufgabe in diesem Leben ist es, diese Entzweiung zu heilen. Alle Kriege auf deinem Planeten rühren daher, dass die Menschen sich vom

Universum getrennt fühlen. Das führt zu Furcht und Zorn. Du musst diese Spaltung heilen. Und du musst anderen Menschen helfen, diese Entzweiung zu heilen.«

»Ich kann ja versuchen, die Spaltung in mir zu heilen, wenn es das ist, was du meinst.«

»Du verstehst nicht. Die Zeit, in der du an dir selbst arbeiten konntest, ist vorüber. Für dich und dein Volk ist es nun an der Zeit zu lernen, wie man mit anderen Wesen lebt. Du musst die Entzweiung von dir und Etienne heilen, sonst wirst du nie wieder glücklich sein.«

Ich habe keine Ahnung, wo diese Intelligenz herkommt oder wer sie sein könnte, doch in ihren Worten spüre ich keine Liebe und kein Mitgefühl.

Mein Bewusstsein treibt einfach weiter. Die Stimme ist verschwunden und es bleibt nur Stille zurück. Nun schweben geometrische Figuren in leuchtenden Farben durch meinen Geist. Ich weiß weder, wo ich bin, noch wie ich von dort wegkomme.

Eine Hand, die mich berührt, lässt die Taubheit meines Körpers von mir abfallen. »Wer ist da?«, rufe ich im Geist.

»Ich bin es, Isis. Ich bin gekommen, um dich von hier wegzuholen. Bleib ruhig und lass die Augen geschlossen. Ich werde dich an die Hand nehmen.«

Ich öffne meine Augen nicht und lasse mich von Isis sicher geleiten. Wir bewegen uns abwärts. Je weiter wir nach unten kommen, umso mehr kehren die Gefühle in meinen Körper zurück. Mir ist schwindlig und ein wenig übel.

Schließlich erreichen wir Isis' Heimstatt. Sie will, dass ich mich auf den Boden lege und die Augen offen halte. Es ist kurz vor Einbruch der Dunkelheit. Der Himmel ist von einem zarten Lavendelblau überzogen, das meinen Augen wohl tut. Weil mir immer noch ein wenig schwindlig ist, schließe ich sie erneut.

»Atme dies ein«, drängt Isis mich. Sie hält mir ein starkes Duftöl unter die Nase.

»Was ist das?«, frage ich.

»Salbei. Sein Duft hilft dir, in deinen Körper zurückzukehren. Versuch einfach, dich zu entspannen. Dein Atem trägt Licht in deinen Körper. Werde dir dessen bewusst. Du hast eine ziemlich aufreibende Erfahrung hinter dir.«

Ich folge ihrem Rat. Dann öffne ich die Augen noch einmal, betrachte ein paar Minuten lang den dunkler werdenden Himmel und schließe sie wieder. Auch dies scheint mich mehr in meinen Körper zurückzubringen. Trotzdem kann ich mich immer noch nicht bewegen. So viel ist geschehen, dass ich nur noch auf dem kühlen, feuchten Erdboden liegen möchte.

Isis massiert mir die Füße und summt dazu leise eine Melodie. Nach einer Weile wird sie lauter. Schließlich füllt ihre Stimme den Abendhimmel wie ein gigantischer Chor. Ihr Gesang ist so erdend, dass meine Übelkeit und meine Schwindelgefühle vergehen. Jetzt bin ich nur noch erschöpft.

Ich falle in tiefen Schlummer. Dieses Mal schläft mein Bewusstsein zusammen mit meinem Körper ein.

Ich erwache auf einem weichen Futon in einem Raum ohne Dach. Die Morgensonne strömt durch einen Baldachin aus Purpur und Blau herein. Bei genauerem Hinsehen erkenne ich, dass dieser Baldachin aus langen Seidentüchern besteht, die in den vier Ecken an hölzernen Pfosten befestigt sind. So entsteht dieser sanfte, wispernde Himmel über mir.

Isis kommt an mein Bett, ein Tablett aus geflochtenen Gräsern haltend. Darauf stapeln sich Brot und Früchte. Ich habe einen ungeheuren Hunger. Schließlich habe ich seit Jahrhunderten nichts gegessen.

»Wie lange habe ich geschlafen?«, frage ich, während ich ein Stück Brot verschlinge. Ich bin so hungrig, als ob ich seit Jahrzehnten nichts mehr gegessen hätte.

»Du hast einen halben Mondzyklus im Schlaf verbracht«, antwortet Isis.

»Du meinst, ich habe so lange geschlafen, dass der Mond einmal auf- und untergegangen ist?«

»Nein, C, du hast einen halben Mondzyklus lang geschlafen.«

»Aber das sind fast zwei Wochen ...?«

»Ja, in deiner Zeit sind das wohl etwa 14 Tage.«

»Wie kann das sein? Wie konnte ich nur so lange schlafen?«

»Du musstest viel integrieren. Du hast hier viele Kräfte angerufen und deine Rufe wurden alle erhört. Nun ist es an der Zeit, dass du dich ein wenig ausruhst. Und welcher Ort wäre dafür besser geeignet als das Ufer des heilenden Nils?«

»Ich weiß nichts über den Nil, aber vielen Dank dafür, dass du mir so einen wundervollen Ruheplatz besorgt hast.«

»Iss erst einmal auf. Dann kommst du zu mir ans Flussufer«, sagt sie. Mit unnachahmlicher Grazie und Leichtigkeit verlässt sie den Raum.

»Diese Frau hat sicherlich keine Probleme mit Unsicherheit oder Schuldgefühlen«, sage ich mir, während ich etwas langsamer als vorher weiteresse. Als ich fertig bin, erhebe ich mich und gehe zu Isis, obwohl ich eigentlich keine große Lust habe, diesen angenehmen Raum zu verlassen. Neben einem weichen Sessel an meinem Bett liegt ein grünes Seidenkleid. Ich ziehe es an und zu meinem Erstaunen passt es perfekt. Die angenehm weiche Seide erinnert mich daran, dass ich mich schließlich nicht nur von Brot allein ernähre. Auch meine Seele braucht Nahrung und findet sie in den Stoffen, die ich trage, und den Farben, mit denen ich mich umgebe.

Ich verlasse den Raum und lasse meine Finger durch mein Haar gleiten, besser gesagt, durch den Teil, der noch nicht verfilzt ist. Die Knoten werden schwierig auszubürsten sein.

Isis wartet am Fluss auf mich. Als ich das letzte Mal hier war, war es finstere Nacht. Um mich herum steht das Gras hoch. Es erinnert mich an den Tiger, den Baummann und die Wiese, in der wir so fröhlich miteinander gespielt hatten. Ich weiß zwar, dass die Zeit in dieser Welt anders läuft als in meiner, trotzdem frage ich mich, was wohl mit meinen beiden Freunden sein mag, die mich vor dem Schloss erwarten wollten.

»Setz dich«, lädt Isis mich ein. Ihre dunklen Augen lächeln. »Grün steht dir wunderbar. Wie fühlt sich das Gewand an?«

»Einfach wunderbar!«

»Bist du dir der Tatsache bewusst, dass die Farben, die du trägst, Einfluss auf dein Wohlbefinden ausüben?«

»Ich weiß, dass es Zeiten gibt, in denen ich eine Farbe lieber mag als eine andere, je nach Stimmung eben. Meine Lieblingsfarbe war immer Blau. Wenn ich das Gefühl habe, kraftvolle Unterstützung zu brauchen, greife ich immer nach dieser Farbe. Aber Grün mag ich auch sehr gern.«

»Grün ist die Heilfarbe für deinen Körper. Ich bin froh, dass du weißt, welche Farben zu dir passen. Wenn du Ruhe brauchst, solltest du Farben tragen, die eine solche Wirkung auf dich haben. Steht dir der Sinn nach Mut und Abenteuer, dann wählst du besser Farben, die dir Kraft geben.

Ich habe außerdem noch ein paar wundervolle, aus Duftölen gefertigte Seifen. Such dir eine aus und nimm sie mit ins Wasser.«

Ich nehme mir eine Seife, die intensiv nach Lavendel duftet, und lege sie an den Uferrand. Dann lasse ich das grüne Kleid zu Boden gleiten und schreite nackt immer tiefer ins Wasser. Es ist warm genug, um sich darin treiben zu lassen, also lasse ich mich von den sanften Wellen eine Weile tragen, bevor ich zwei Wochen anstrengender Reise von meiner Haut wasche. Die Wellen tragen mich in Richtung Ufer. Sobald ich stehen kann, bohre ich meine Zehen genussvoll in den weichen Schlamm.

Im Stehen hole ich eine Hand voll Schlamm herauf und verreibe ihn langsam auf meinen Armen. Ich bedecke jeden Zentimeter meiner Haut mit der angenehm feuchten Erde, dann tauche ich ab, um sie wieder abzuwaschen. Ich schäume mich mit der Lavendelseife ein, tauche erneut unter und wasche auch den wohlriechenden Seifenschaum ganz von mir ab. Erst als ich mich ganz sauber fühle, klettere ich zurück ans Ufer und lasse mich ins Gras fallen.

Iris hat währenddessen einen Weidenkorb geflochten. Da die

Sonne heiß glüht, bin ich fast sofort wieder trocken. Ich setze mich zu ihr.

Sie stellt mehrere Glasgefäße vor mich hin: »Such dir ein Öl aus, das du gerne auf deiner Haut fühlen möchtest.«

Wieder entscheide ich mich für den Lavendelduft. Ich verteile das Öl auf Hals und Schultern, während Isis mir damit die Füße massiert. Obgleich ich mich im Grunde wohl fühle, spüre ich nun ein flaues Gefühl. Es drängt immer stärker in mein Bewusstsein und schließlich überflutet es mich ganz: Es ist die Enttäuschung der unerwiderten Liebe.

Als stünde sie mit meinem Innenleben in lebhaftem Dialog, verstärkt Isis den Druck auf meine Fußsohlen. »Du bist auf eine Energie gestoßen, die dich tief berührt hat«, sagt sie. »Das ist gut.«

»Nun, ich weiß nicht, was daran gut sein soll. Ich fühle mich verletzt, leer und so, als wäre mein ganzes Inneres eine offene Wunde. Ich habe eine formlose Intelligenz getroffen, die mir sagte, dass ich nie wieder glücklich sein würde, wenn ich die Entzweiung zwischen mir und Etienne nicht heilen könnte. Wenn dieses Wesen Recht hat, dann ist mein jetziges Leben eine einzige Katastrophe. Denn auch wenn ich wüsste, wo Etienne sich aufhält, so würde ich ihn doch niemals überreden wollen, zu mir zurückzukehren. Ich möchte, dass er von selbst kommt. Wenn ich es mir recht überlege, bin ich nicht einmal sicher, ob ich für eine Beziehung schon bereit bin.

Isis, werde ich wirklich nie wieder glücklich sein? Wer war diese Intelligenz, die mir eine so schreckliche Botschaft zukommen ließ?«

»Die Spaltung, die du gefühlt hast, hat dir die Unschuld genommen. Und der Verlust der Unschuld ist eine sehr machtvolle Einweihung. Trotzdem wirst du natürlich weiterhin glücklich sein, ob mit oder ohne Etienne. Doch dein Glück wird sich anders anfühlen, weil du deine Unschuld verloren hast.«

Ich verstehe, was sie meint. Ich fühle mich, als sei ich aus dem tiefen, unschuldigen Schlaf eines Kindes erwacht.

»Du brauchst Etienne nicht, um leben zu können. Sag mir, was du an ihm so sehr vermisst.«

»Seine Berührungen. Und die Erfahrung der Intimität mit ihm. Ich habe niemals zuvor so eine Ekstase erlebt wie in der kurzen Zeit, als wir zusammen waren – weder emotional noch körperlich oder spirituell. Und ich vermisse seinen Charme, seinen Humor, seine Selbstsicherheit. Reicht das für den Anfang?«

Sie lacht. »Du fühlst dich von ihm körperlich sehr stark angezogen. Aber auch wenn du so eine Anziehung nie wieder erleben solltest, du hast sie doch einmal gekostet. Und diese Erfahrung kann dir niemand nehmen. Ich bin aber sicher, du wirst so etwas wieder erleben.

Etienne spiegelt dir Eigenschaften, die du in dir selbst bisher übersehen hast. Es ist wichtig, dass du diese Projektion zu dir zurückholst. Sieh mal, *du* bist es, die charmant, humorvoll und selbstsicher ist. Mit dieser Erkenntnis kannst du die Leere füllen, die Etienne in dir zurückgelassen hat. Damit heilst du dich von innen heraus, wie das bei jeder richtigen Heilung geschieht.«

Langsam lässt Isis meine Füße ins Gras gleiten, steht dann auf und beginnt, mein verfilztes Haar zu kämmen. Als sich die Knoten langsam lösen, muss ich an »Unsere Liebe Frau von Guadalupe« denken, die ebenfalls von der Heilung aus dem Inneren gesprochen hatte. Die Botschaft ist eigentlich völlig klar: Wenn du deine innere Welt veränderst, wird sich auch die äußere Welt wandeln.

»Du hast mit der Marienenergie gesprochen«, bemerkt Isis, während die Sonne allmählich den Horizont berührt.

»Du weißt immer, wo ich bin, nicht wahr?«

»Wir sind verwandte Seelen. Ich bin immer dort, wo du bist.«

»Ich verstehe.«

»Nein, ich glaube nicht, dass du das tust, aber lass uns zu unserem vorherigen Gesprächsgegenstand zurückkehren. Du hattest starke Schuldgefühle. Konnte Maria dir helfen?«

»Wie kann ich sagen, dass Maria mir nicht geholfen hat? Für mich ist sie eine ganz außergewöhnliche Heilerin. Schon ihre Gegenwart ist ungeheuer wohltuend. In ihren Worten liegt große Kraft und tiefe Wahrheit. Und trotzdem kann ich nicht behaupten, dass ich von meinen Schuldgefühlen geheilt bin. Vielleicht brauche ich dazu einfach mehr Zeit.

Ich würde ja gerne annehmen, was sie über das Geben und Nehmen in der Liebe sagt, aber ich habe den Schmerz anderer immer schon tief empfunden. Es ist schwierig genug, mit Menschen zusammen zu sein, die leiden. Aber es ist noch viel unerträglicher, wenn man selbst die Ursache dieses Leidens ist. Ich würde lieber selbst Schmerzen leiden, als anderen Menschen welche zu verursachen.«

»Aber deine Grenzen kennst du doch, oder?«, fragt Isis. »Kennst du den Unterschied zwischen deinem Schmerz und dem anderer Menschen?«

»Ich weiß nicht. Ich verliere mich oft in Leiden, dessen Quelle ich nicht kenne. Manchmal aber gelingt es mir schon, das Ganze zu beenden, indem ich mir klarmache, dass dies die Gefühle anderer sind und nicht meine eigenen.«

»Einfühlungsvermögen ist für einen Heiler oder eine Heilerin sehr wichtig.«

»Aber ich bin doch keine Heilerin.«

»Formale Heilprozesse auszulösen ist auch nicht die einzige Möglichkeit, wie man als Heiler leben kann. Viele Menschen, die sich nicht als Heiler bezeichnen, üben doch solche Funktionen aus. Wenn du anderen mit Einfühlungsvermögen zuhörst, heilst du sie. Der entscheidende Punkt dabei ist, dass du ihre Schmerzen nicht in dich aufnimmst. Fühl das Leid – was du ohnehin tun wirst, denn in dieser Hinsicht hast du ›ein offenes Ohr‹ – und lass es dann durch dich hindurchgehen, in dem Wissen, dass dies bereits der Heilvorgang ist.

Erinnerst du dich an dein Gespräch mit Laotse? Er hat dir ins Gedächtnis gerufen, dass man sich einer Energie vollkommen hingeben muss, bevor man durch sie hindurchgehen und sie loslassen kann. Das Problem dabei ist nur, dass du die Energie nicht loslässt.

Du kannst andere Menschen nicht retten, nur dich selbst. Du kannst anderen ihr Leid nicht abnehmen, ganz egal, wie nahe dir diese Menschen stehen. Aber wenn du ihnen die Hand hältst, gibst du ihnen Kraft, während ihr eigener Geist sie durch das Nichts trägt. Auch du hast diese Erfahrung schon gemacht. Nun solltest du sie in deine Beziehung zu anderen Menschen einbringen.«

»Wie hilft man aber jemandem, der den Glauben an sich selbst verloren hat?«

»Warst du jemals in einer solchen Situation?«, hakt Isis nach.

»Ja. An bestimmten Punkten meines Lebens hatte ich den Glauben an mich selbst und an Gott verloren.«

»Und kam jemand, um dich zu retten?«

»Nein. Niemand hätte mich aus dieser tiefen Dunkelheit holen können.«

»Und trotzdem hast du überlebt? Wieso?«

»Ich denke, wenn ich völlig verstrickt bin im Leid, übernimmt irgendetwas in mir die Kontrolle. Irgendeine Beobachterstimme lässt mich plötzlich wissen, dass alles gut wird. Und dieser Beobachter ist nicht Teil des ablaufenden Dramas.«

»Dies ist dein geistiges Selbst. Du hast auf der Reise in diese Welt gelernt, dass es einen Teil in dir gibt, der von keinem Ereignis und keiner Person je berührt wird, auch nicht vom Tod. Dieser Teil kann nicht verletzt werden und kann nicht sterben. Wenn dein Ego zusammenbricht, wie es beispielsweise geschieht, sobald du den Glauben an alles um dich herum verlierst, dann hat dein geistiges Selbst die Chance, sich zu zeigen. Du hast dies bei deinem Höhlenabenteuer erlebt, als du angefangen hast zu singen: ›Die Stärke meines Geistes führt mich durch die Leere.‹«

»Ja, aber ich glaube, ich habe noch mehr darüber zu lernen.«

»Umso besser. Verurteile dich nicht, weil du eine Botschaft nicht gleich beim ersten Mal vollkommen verstehst. Manchmal brauchen wir einfach jemanden, der uns an all das erinnert, was wir vergessen haben.

Wenn du anderen helfen willst, die ihren Glauben verloren haben, solltest du nie vergessen, dass man aus der Gnade fällt, wenn man seinen Glauben verliert. Erlaubst du aber deinem

Geist, dir deinen Glauben zurückzubringen, dann hast du einen ungeheuren Schritt nach vorn getan. Was für eine bemerkenswerte Erfahrung! Du wirst mit einer Wirklichkeit bekannt, die größer ist als dein Alltag, und dies wird dein Leben tragen.

Und wenn du verstehst, dass dies nicht nur für dich gilt, sondern für alle Menschen um dich herum, kannst du diesen helfen. Einem Menschen zuzuhören ist der erste Schritt, um ihm seinen Glauben an sich selbst zurückzugeben. Der zweite ist, ihm Energie zu schenken – einen Raum der Liebe bereitzuhalten, der sein geistiges Selbst einlädt, sich zu zeigen.

Wichtig ist, dass du den Schmerz der anderen nicht auf dich nimmst. Das geht nämlich nicht. Allein der Glaube daran ist pure Illusion. Du kennst den Schmerz der anderen nicht einmal. Meist projizierst du nur deinen eigenen Kummer auf den anderen. Du siehst deinen Schmerz in seinen Augen.«

Das Gespräch mit Isis hat mich so gefesselt, dass ich meine negativen Gefühle vergessen habe. Ich bin mir bewusst, dass ich noch viel zu lernen habe, aber ich fühle mich davon nicht überfordert. Und obwohl mein Herz sich immer noch nach Etienne sehnt, ist an Stelle des brennenden Verlangens eine tiefe Ruhe in mir eingekehrt. Laotse würde mich an diesem Punkt wohl daran erinnern, dass auch dies vorübergehende Zustände sind. Er würde mich dazu ermutigen, auf den Wellen der Emotionen zu reiten, ohne mich darin zu verfangen. Und dieses Mal bin ich sicher, dass ich mich gefahrlos auf diese Übung einlassen könnte, auch wenn ich nicht weiß, ob ich sie je erfolgreich meistern werde.

»Die Zeit, die wir miteinander verbringen, geht ihrem Ende entgegen«, erklärt Isis freundlich. »Doch bevor du gehst, möchte ich dich noch etwas fragen: Warum erwartest du von uns Wesen der anderen Welt, dass wir wissen, was du denkst? Warum sagst du nicht einfach, was du sagen möchtest? Und warum fragst du nicht nach den Dingen, die du haben möchtest? Du scheinst die Verantwortung für das, was du brauchst, ganz an uns abgeben zu wollen. Ist es nicht so?«

»Nun, manchmal wenn ihr meine Gedanken lest, seht ihr

Dinge, die mir noch nicht bewusst sind – auch wenn das dieses Mal nicht der Fall war ... Ja, ich erwarte meistens von anderen, dass sie wissen, was mir fehlt. Und ich bin oft enttäuscht, wenn meine Mitmenschen meine stummen Bitten nicht erhören.

Diese Verhaltensweise ist mir schon zur Gewohnheit geworden. Ich erwarte von anderen, dass sie wissen, was mir Kummer oder Freude bereitet. Wenn sie mir dann nicht geben, was ich will, werde ich wütend. Ich ärgere mich über die mangelnde Sensibilität anderer und stilisiere mich zum Opfer dieses Verhaltens hoch. Doch das Schlimmste ist, dass ich das manchmal ganz bewusst tue.«

»Du hast es in deiner Kultur so gelernt. Und du gibst es auch weiter. Das ist ein Teufelskreis, der sich selbst am Leben erhält.«

»Ich weiß das, vor allem wenn ich mir ins Gedächtnis rufe, was ich auf meiner Reise in dieser Welt gelernt habe. Ich bin mir nun bewusst, dass niemand mir etwas geben wird, wenn ich nicht darum bitte. Und auch dann muss ich es nicht unbedingt bekommen. Das ist eine wichtige Lektion für mein späteres Leben. Ich muss mir meiner Stärke bewusst sein und um die Dinge bitten, die ich haben möchte.«

»Darüber hinaus solltest du dir auch deine unbewussten Wünsche, Sehnsüchte und Verhaltensweisen klarmachen. Du musst lernen, deine wahre innere Stimme von all den anderen zu unterscheiden, die sich auf dein Leben auswirken.«

»Ich weiß, was du meinst. Meine Überzeugung, dass ich Liebe nicht verdiene, kommt aus der Vergangenheit. Genauso wie meine Auffassung, dass Liebe etwas äußerst Seltenes ist. Ich erlaube diesen Stimmen aus der Vergangenheit, Einfluss auf mein jetziges Leben zu nehmen. Dadurch sind aber all meine Handlungen von vornherein zum Scheitern verurteilt, weil sie auf falschen Annahmen beruhen.«

»Du lernst sehr schnell. Deine Gegenwart wird aus deinen Wünschen und Glaubenssätzen gewoben. Aber wenn du dir der falschen Ansichten, die aus deiner Vergangenheit kommen, nicht bewusst bist, webst du sie ganz automatisch mit ins Bild ein.«

»Es gibt noch eine Menge Dinge, die ich dich fragen möchte, Isis, aber im Moment habe ich den Eindruck, als würde eine magnetische Kraft an meinem Solarplexus ziehen. Was soll ich tun?«

»Wir werden unser Gespräch später fortführen. Im Augenblick musst du dem Ruf folgen, da noch jemand mit dir sprechen möchte.«

Ich richte meinen Blick auf den Nachthimmel. Dort fällt mir der abnehmende Mond ins Auge. Im nächsten Moment werde ich von Isis weggerissen und taumle rückwärts ins All hinaus. Ein riesiger Magnet scheint mich anzuziehen. Ich habe keine Wahl, ich muss mitkommen.

Mit einem dumpfen Laut lande ich auf dem Erdboden. Vor mir sitzt im Schneidersitz eine Frau, deren Stärke ganze Welten aus den Angeln heben könnte. Ihre Augen sind stolz. Eine rohe Kraft leuchtet in ihnen, eine Form zorngeladener Energie. Ich weiche ihrem Blick aus und taste mich mit den Augen in diese neue Welt hinein – eine vollkommen kahle Wüste. Zu unseren Füßen heller Sand, in dem kein Anzeichen von Leben zu entdecken ist. Sogar die gelblich grauen Felsen sind nackt.

Der Gegensatz zwischen dieser so energiereichen Frau und ihrer desolaten Umgebung erschreckt mich ein wenig. Noch einmal sehe ich ihr in die Augen.

Stolz wie Katzenaugen funkeln sie mich an. Ich nehme ihren Zorn nicht persönlich, da er sich nicht gegen mich zu richten scheint.

»Ich bin die aztekische Erdgöttin Tonantsin«, stellt sie sich vor.

»Ich bin C Alexandra«, gebe ich zurück.

»Ich weiß. Ich habe dich schließlich hierher gerufen. Ich habe eine Botschaft für dich und die Menschen deiner Zeit.«

Ich atme tief ein, um in mir mehr Raum zu schaffen. Wenn

ich mich weit genug öffnen kann, um ihre Energie in mich aufzunehmen, wird ihre unendliche Kraft mich nicht überrollen.

Dann beginnt sie zu sprechen: »Was du hier siehst, ist das Ergebnis dessen, was ihr Menschen mit der Erde macht. Doch die Aufgabe des Mannes ist es nicht, sich die Frau und die Erde untertan zu machen, um zu bekommen, was er will. Stattdessen sollte er lernen, die weibliche Energie seiner Partnerin zu akzeptieren. Und er muss lernen, mit seiner eigenen weiblichen Energie in Kontakt zu treten. So etwas geschieht, wenn die Menschen denken, sie könnten die Natur besiegen.« Mit ihren Armen weist sie auf die tote Landschaft um uns herum.

»Alles stirbt, wenn der Mann aufhört, das Weibliche zu achten. Wie du siehst, ist die Erde nicht in der Lage, diesem Missbrauch etwas entgegenzusetzen. Erde, die nicht geehrt wird, ist nicht in der Lage, pflanzliches Leben aufzunehmen. Die Vegetation der Erde muss ohnehin schon mit wenig Nahrung auskommen. Ohne Pflanzen aber werden die Tiere hungern und dem Menschen keine Energie mehr anzubieten haben. Natürliche und künstlich hergestellte Nahrungsmittel werden keine Seele mehr haben und ohne Seele können sie euch nicht nähren. Nahrung ohne Seele nährt nicht. Und wenn ihr die emotionalen, spirituellen und physischen Energien der Pflanzen und Tiere vollkommen verbraucht habt, verliert die Menschheit ihre Seele.

Die Seele verlässt euren Planeten. Wenn sie dies weiter mit derselben Geschwindigkeit wie bisher tut, bleibt euch nichts mehr außer dem, was du um dich herum siehst.« Und wieder deutet sie mit weit ausholenden Armbewegungen auf die Wüste um uns.

Die Düsterkeit ihrer Vision raubt mir den Atem. Ich weiß nicht, was ich sagen soll.

»Die Erde hat ein langes Leben hinter sich. Sie ist weit älter als die Menschheit. Und die Zeit, da ihr glaubt, euch die Erde untertan machen zu müssen, dauert im Vergleich zur gesamten Lebensdauer des Planeten nicht länger als ein Wimpernschlag. Trotzdem habt ihr in dieser kurzen Zeit ein schwerwiegendes

Problem geschaffen, denn eure räuberische Haltung führt zu immer mehr und mehr Ausbeutung, bis schließlich das Leben auf der Erde vollständig zum Erliegen kommt.«

Endlich kann ich sprechen: »Warum erzählst du mir all das? Gibt es denn einen Ausweg oder sind wir alle dem Untergang geweiht?«

»Einen Ausweg gibt es. Die weibliche Energie muss von neuem auferstehen. Die Frauen deiner Welt müssen ihre Weiblichkeit wieder aufleben lassen und sich zusammen um die Kinder kümmern. Es ist Zeit, dass ihr Frauen euch erhebt und sagt: ›Es reicht! Wir werden nicht dabeistehen und zusehen, wie Kinder verhungern.‹ Welche Mutter würde einfach nur dabeistehen, wenn ihre Kinder getötet werden? Nur eine, die ihre Seele aufgegeben hat!

Die Männer eurer Kultur müssen sich ihrer weiblichen Seite zuwenden, so dass sie zur Einsicht kommen: ›Wir werden aufhören, die Natur und unsere Nachbarn besiegen zu wollen. Wir weigern uns, weiterhin ein Teil der Zerstörung zu sein.

Ihr müsst die Göttin ehren. Die Göttin in jeder Frau, jedem Mann, jedem Kind auf der Erde muss geehrt werden! Wenn das nicht geschieht, wird die Erde ihre Seele verlieren. Ohne Seele aber gibt es nichts, was eurer Nahrung Kraft verleihen könnte. Ohne diese Lebenskraft aber gibt es kein Leben. Eure Entscheidung muss natürlich von allen gemeinsam getroffen werden.«

»Aber was soll ich tun? Ich bin nur eine unter Milliarden. Wie kann ich allein eine Veränderung von solcher Tragweite herbeiführen?«

»Du hast bereits einen Teil deiner Seele wieder gefunden, nicht wahr?«

»Ja«, antworte ich.

»Wenn du also nach Hause zurückkehrst und dich umsiehst, werden die Menschen um dich herum nicht mehr deine erfüllte Seele widerspiegeln und du wirst erkennen, wie die Essenz ihnen fehlt.«

»Ich weiß, was Mangel an Lebenskraft bedeutet, Tonantsin. Ich werde also nichts Neues sehen.«

»Aber neu wird sein, dass du das, was du siehst, nicht mehr als etwas Fremdes betrachten kannst. Dieser Anblick wird dich zwingen, dein Leben zu verändern und die Menschen um dich herum aufzuwecken.

Du wirst es tun, weil die weiblichen Kräfte – in dir und außerhalb deiner selbst – nicht mehr zusehen können, wie Kinder hungern. Diese Kräfte wurden jahrtausendelang unterdrückt. Suche also die Göttin in dir und hilf anderen Frauen und Männern, sie ebenfalls zu finden. Es ist deine Pflicht, so zu handeln!«

Ich frage mich, wie ich diese Aufgabe bewältigen soll, und sage laut vor mich hin: »Wenn ich die Absicht formuliere, diese Pflicht zu erfüllen, wird mir der Weg dorthin dann gezeigt?«

»Das Weibliche hat der Unterdrückung jahrtausendelang widerstanden und sich im Inneren weiterentwickelt. Daher werden sowohl sichtbare als auch unsichtbare Kräfte dir zu Hilfe kommen. Ja, dein Pfad wird dir gewiesen. Das bedeutet aber nicht, dass er frei von Hindernissen sein wird. Hilf mit, Ehre, Schönheit und Gleichgewicht auf die Erde zurückzubringen, C Alexandra. Die Göttin wird dir dafür unendlich dankbar sein.«

»Ich habe in dieser Welt einen Schutzgeist getroffen, der meinte, dass es eine Illusion ist, die Welt als unvollkommen und krank zu betrachten. Dass die Erde von menschlichen Wesen gar nicht zerstört werden kann. Wie verträgt sich diese Aussage mit der deinen?«

»Was der Schutzgeist dir gesagt hat, ist wahr – von einer höheren Warte aus gesehen. Doch in der Dimension, in der du lebst, führen Unterdrückung und Eroberung nur zu Hungersnöten, Krankheiten und schließlich zum Tod. Wenn die Menschen in deiner Dimension ein erfülltes Leben inmitten all der reichen natürlichen Quellen der Erde führen wollen, dann müssen sie lernen, partnerschaftlich mit der Natur umzugehen.

Das Einzige, was in eurer Welt wirklich zerstört werden muss, ist der Gott, den man ›Gold‹ nennt. Die Menschheit hat ihre Seele für Gold verkauft, nur um schließlich herauszufinden, dass man Glück, Segen und Seelennahrung nicht kaufen kann. Was die Verehrung des Goldes euch an Tod und Zerstörung bringt, ist euch nicht annähernd bewusst. Dabei ist es viel wichtiger, die eigene Seele zu pflegen und sich um das Wohlergehen der Kinder zu kümmern, als Unmengen von Geld anzuhäufen.

Die Kinder zu nähren ist nämlich einfach. Zunächst zollst du den Regengöttern Verehrung, dem Leben in Pflanzen und Tieren und der Kraft der Nahrungsmittel, die du der Erde entnimmst. Dann musst du von neuem lernen, wie man mit den Rhythmen der Natur und den Kräften des Mondes arbeitet. Und schließlich musst du dir klarmachen, dass jede Lebensform zum Wachsen Liebe braucht.

Der Grund für die aktuellen Probleme ist, dass das Männliche verwundet ist. Ich habe tiefes Mitgefühl, doch jetzt ist es an der Zeit, dass die weibliche und die männliche Energie in jedem Menschen sich die Hände reichen und sagen: ›Es tut uns Leid. Lasst uns nun weiterleben.‹«

»Deine Botschaft inspiriert mich. Nun sehe ich, dass ich eine Aufgabe habe, die darüber hinausgeht, dass ich mich an mein Licht erinnere.«

»Jeder Mensch braucht eine Lebensaufgabe, denn ohne eine solche nimmt er seine Existenz als bedeutungslos wahr und strebt danach, diesen Mangel durch noch mehr Eroberungen auszugleichen. Dann will er Macht über andere, damit er sich nicht mehr hilflos fühlt. Doch nicht alle Menschen sind so.

Du lebst in einem dunklen Zeitalter, in dem noch viel geschehen muss. Du wirst sehen, dass jedes Individuum auf der Erde einen eigenen Lebensweg und ganz eigene Talente hat. Und auf diese Weise verdient man sich den Segen der Göttin: indem man seinem Lebensweg folgt. Diejenigen, die noch schlafen, müssen aus den sie benebelnden Illusionen erwachen und ihre eigenen Stärken herausfinden. Es ist nun an der Zeit, dass jede/r auf der Erde aufsteht und den ihm oder ihr gebührenden Platz einnimmt. Und dass jede/r diesen Platz mit dem gesamten Leben teilt. Dann werden eure Kinder wieder leben.«

»Tonantsin, ich bin dir sehr dankbar …« Bevor ich den Satz beenden kann, ist sie verschwunden und die magnetische Kraft, die an meinem Solarplexus zieht, lässt nach. Im selben

Augenblick verschwindet die öde Wüstenlandschaft um mich herum.

Ich befinde mich wieder in einer Leere, die so voller Leben ist. Eine Stimme erklingt: »Dies ist der Ort aller Schöpfung. Dies ist der Ort, an dem alles beginnt. Erkläre dem Schöpfer deine Absicht.«

»Ich möchte den Menschen helfen, ihre Seele wieder zu finden. Ich möchte sie dabei unterstützen, die weibliche Kraft des Lebens in sich zu finden, damit wir alle leben können«, sage ich. »Ich bitte um Hilfe bei meiner Arbeit. Ich bitte darum, dass mir der Weg dorthin gezeigt werde.«

Inmitten dieser Leere bin ich eingeschlafen. Plötzlich erwache ich, weil ich einen starken Schmerz in meinem Solarplexus spüre. Der Schmerz schleudert mich durch die Schleier zwischen den Welten zurück in mein Krankenzimmer. Ich lande neben dem Bett, in dem mein Körper liegt und in einer Art Niemandsland schwebt. Ein fünfjähriges Mädchen steht auf der anderen Seite des Bettes.

Ich weiß, dass sie nicht in ihrem Körper ist. Was ich hier sehe, ist ihre Seele. »Wer bist du?«, frage ich sie.

»Lisa«, sagt sie und wendet mir ihren ängstlichen Blick zu.

»Was tust du hier? Hast du dich verirrt?«

»Ich suche eine Heimat.«

Langsam verstehe ich, was hier vor sich geht. Mir fällt eine Geschichte ein, die mir ein Freund erzählt hat, der nach einer Operation längere Zeit im Krankenhaus war. Eines Nachts erwachte er, weil ein Mann in seinen Körper eintreten wollte. Er musste gegen diese Art »Besetzung« regelrecht ankämpfen. Später erfuhr er, dass andere Menschen dieselbe Erfahrung gemacht hatten: Verlorene Seelen versuchten, ihren Körper zu stehlen. Überzeugt davon, dass mein Freund einfach Halluzinationen gehabt hatte, hatte ich auf seine Erzählung nie auch nur einen Gedanken verschwendet – bis jetzt.

»Lisa, weißt du, wo dein Körper ist?«, frage ich das Kind.

»Sie haben ihn weggebracht«, antwortet es mit niedergeschlagenen Augen. »Ich weiß nicht, wo ich hin soll. Ich fühle mich so allein.«

Mein Herz schlägt für sie. Da ich nicht recht weiß, wie ich ihr helfen soll, bitte ich geistig um Hilfe: »Kann jemand zur Hilfe kommen?«

Eine Sekunde später ist Isis an meiner Seite. Sie legt ihre Hand auf meine Schulter und erklärt: »Lisas Körper ist gestorben, aber ihre Seele hat den Weg aus dieser Welt noch nicht gefunden. Sie steckt fest. Wir können ihr beim Übergang helfen.«

Mit diesen Worten geht Isis zur anderen Seite des Bettes hinüber, wo Lisas kleine, verzweifelte Seele sich befindet. Nun spielt sich eine anrührende Szene ab: Isis kniet vor dem Kind nieder, sieht ihm in die Augen und streicht ihm das blonde Haar zurück. Die Angst weicht aus Lisas Blick.

»Lisa, mein Name ist Isis. Ich bin hier, um dir zu helfen. Möchtest du gerne an einen schöneren Ort mitkommen?«

»Ja.«

»Erinnerst du dich an deine Oma?«

»Ja, sie war immer lieb zu mir. Sie gab mir Süßigkeiten, wenn ich welche haben wollte. Sie ist tot, weißt du.«

»Ja, ich weiß«, gibt Isis zurück. »Möchtest du deine Oma gerne wieder sehen? Sie wartet auf dich – mit einem dicken Kuss.«

Einen Augenblick lang überlegt Lisa, ob das, was Isis sagt, auch wirklich wahr sein kann. Sie ist offensichtlich zu jung, um zu verstehen, dass sie tot ist und dass ihre Seele in dieser Welt feststeckt.

»Wie kannst du mich denn zu ihr bringen?«

»Rufen wir sie doch einfach«, schlägt Isis vor.

Und schon ruft Lisa aus: »Oma, Oma, bitte hilf mir.«

Da entsteht quer im Raum ein Lichttunnel. In seiner Mitte erscheint das Bild einer älteren Frau. Sie hat kurzes, graues

Haar und ein sanftes Gesicht mit vielen kleinen Falten. Eine große Liebe strahlt von ihr aus.

»Lisa«, sagt sie. »Komm zu mir. Ich werde dich in dein neues Heim bringen.«

Lisa läuft auf ihre Großmutter zu und wirft sich in ihre Arme. Wie Isis es versprochen hat, wird das Kind mit einem dicken Kuss begrüßt. Gemeinsam schweben sie nun in den Tunnel hinein und nehmen das Licht mit sich.

Nun wende ich meine Aufmerksamkeit meinem Körper zu, der ungeschützt und verwundbar auf dem Bett liegt. »Du solltest besser nicht so lange von deinem Körper getrennt sein«, mahne ich mich selbst. Ich muss meine Seelenreise bald beenden.

»Isis, gibt es eine Möglichkeit, meinen Körper zu beschützen, bis ich bereit zur Rückkehr bin?«, frage ich.

Die Göttin hebt den Arm und lässt ihre Hände in einigem Abstand über meinen Körper gleiten. Sofort umgibt ihn ein strahlend blaues Licht. »Jetzt ist deine sterbliche Hülle geschützt«, sagt sie.

Wir treten auf den Korridor hinaus. Hier ist alles ruhig. Es muss spätnachts sein. Ein paar Krankenschwestern sitzen im Schwesternzimmer zusammen, aber sie scheinen zu müde zum Sprechen. »In so einem erschöpften Zustand sollten sie nicht arbeiten«, denke ich bei mir. Das Licht des Mitgefühls strahlt aus ihren Herzen, wird aber teilweise von der Müdigkeit ihrer Körper getrübt. Traurig erkenne ich, wie sehr unser aller Leben aus dem Gleichgewicht geraten ist.

Ich werfe einen Blick auf die Wanduhr: Es ist vier Uhr morgens und überall herrscht Totenstille. Wieder einmal fällt mir auf, wie steril hier alles ist. Die Wände, der Fußboden, die Decke – alles ist nackt und farblos. Die einzigen Gerüche, die diesen Ort erfüllen, sind die von Chemikalien und Medikamenten.

Ich gehe mit Isis zu einem Fenster am Ende des Korridors und wir setzen uns darunter auf einen Heizkörper. Ich öffne die Fensterläden, um in die Nacht hinauszusehen, doch die Straßenlaternen lassen mich in der Dunkelheit nicht gut sehen. Ein leichter Sprühregen und das helle Strahlen der Laternen verbergen den Himmel vor meinen Augen.

Die Autos auf dem nassen Asphalt machen ein seltsam hypnotisches Geräusch, das meine Aufmerksamkeit erregt. »Ich möchte in meinen Körper und in mein Leben zurück«, sage ich zu Isis. »Viele der Orte, die ich besucht habe, sind schön. Hier in unserer Welt aber haben wir die Schönheit vergessen. Modernste Technologien behüten uns zwar vor den Unbilden der Natur, aber wir kennen nicht einmal mehr die Welt, in der wir leben.«

»Es ist Zeit, dass du Geister in deinem Leben willkommen heißt«, meint Isis. »Viele Geister sind gerne bereit, dir zu helfen. Sie helfen jedem, der sich dafür entscheidet, mit ihnen Kontakt aufzunehmen. Denkst du, du kannst deinen Mitmenschen das beibringen?«

»Die Menschen fürchten sich vor der unsichtbaren Welt, Isis. Alles, was sie nicht sehen können, halten sie für böse. Da man ihnen beigebracht hat, nur an menschliche Autoritäten zu glauben, fürchten sie, dass Geister sie verletzen könnten. Meine Kultur hat keinen Sinn für solche direkten Offenbarungen. Dieser Lernprozess wird hart sein und lange dauern.«

»Wurdest du von irgendeinem der Geister, die du auf deinen Reisen kennen gelernt hast, verletzt?«

»Nein, ich bin nur liebevollen Absichten begegnet. Sogar die Begegnungen mit der Anakonda und der Intelligenz, die mich drängte, die Spaltung zwischen mir und Etienne zu heilen, erwiesen sich letztlich als hilfreich.«

»Das ist es, was du deinen Mitmenschen mitteilen musst. Erzähl ihnen von deinen Begegnungen. Einige von ihnen sehnen sich nach dieser Art der Liebe. Andere nicht. Versuch nicht, Letztere zu überzeugen. Öffne einfach die Tür in die Welt der Erscheinungen. Hilf den Menschen, von neuem in Kontakt mit ihrer Seele zu kommen. Erinnere sie daran, dass sie mit allem Leben auf dieser Erde verbunden sind. Du kannst das!

Das Böse existiert ohnehin nur im Geist, in der Trennung des Ego vom dichten Gewebe des Lebens. Wenn jemand sich von seiner Umwelt getrennt fühlt, dann wird er sie mit bösen Worten und schädlichen Handlungen in den Griff zu bekommen versuchen. Die Geister hingegen haben sich nie von der Quelle allen Lebens getrennt. Sie haben kein Ego und fühlen daher auch keinen Drang, andere zu verletzen. Wie du siehst, ist die größte Herausforderung, die ein Mensch bestehen kann, die, ein schöpferisches Individuum zu sein und den Kontakt zu seinem Ursprung nicht zu verlieren. Dies ist keine leichte Aufgabe, aber sie kann erfüllt werden. Wenn du von deinem Ursprung und von der Natur getrennt bist, fällst du aus der Gnade. Stellst du die Verbindung wieder her, so kehrst du heim ins Leben.

Jeder, der wahres Glück erfahren will, muss seine Verbindung zur Quelle und zur Natur suchen ... Du tanzt gerne, nicht wahr?«

Da mich das Licht der Straßenlaternen und das monotone Geräusch der Regentropfen mittlerweile schon eingelullt haben, antworte ich ziemlich gleichgültig: »Ja, schon. Aber ich habe schon lange nicht mehr getanzt.«

»Denk an einen schönen Tanz mit einem Partner zurück.«

»Ja, ich kann mich an einen erinnern.«

»Um mit einem Partner schöne Schritte zu vollziehen, muss man völlig in den Tanz versunken sein. Kannst du dir vorstellen, was geschehen würde, wenn du dich ständig umsehen würdest, wie die anderen tanzen?«

»Ich könnte mich auf meinen Partner nicht einstellen.«

»Genau. Dein Tanz mit den Geistern, denen du begegnet bist, ist ein gelungener Tanz, und er wird weitergehen. Genauso schön aber kann dein Tanz auf Erden mit deiner eigenen Seele und der Natur werden. Du musst nur lernen, dich auf deine Partner, den Rhythmus und die Bewegungen einzustellen. Denk nicht darüber nach, was andere tun. Zeig ihnen lieber, wie sie Kontakt zu Tanzpartnern aus der Anderswelt und der Natur aufnehmen.«

»Das ist ein wirklich guter Vergleich. Ich werde ihn im Gedächtnis behalten, so lange die Reise meiner Seele auf der Erde noch dauert. Ich danke dir, Isis. Danke, dass du in mein Leben getreten bist.«

Nun habe ich alles aufgenommen, was ich im Moment verarbeiten kann. Daher lehne ich meine Stirn an das kühle Fenster und lasse mich von den sanften Tönen des Regens erneut in einen Trancezustand hineintragen.

Ich erwache im Nichts und sehe eine Tür vor mir. Nein, es ist keine Tür, es ist ein Spiegel. Ich schwebe darauf zu und formuliere aufgeregt meine Absicht, hindurchzugehen und meinen Baumfreund und den Tiger wieder zu treffen, die mittlerweile wohl wieder zur Wiese zurückgekehrt sind. Ich habe solche Sehnsucht danach, wieder die Erde unter mir zu spüren, die meine Heimat geworden ist. »Ich will nach Hause!«, rufe ich im Stillen.

Dann löst sich plötzlich die Oberfläche des Spiegels in Nebel auf. Ich trete ein und finde mich in einem steilen Tunnel wieder, der ins fruchtbare, dunkle Erdreich gegraben ist. Ich klettere nach oben und komme an einem der Bäume beim Schloss heraus. Ich bin froh, endlich wieder auf bekanntem Terrain zu stehen, und fühle mich sicher genug, den Weg zur Wiese zurückzufinden.

Der gepflegte Rasen zeigt mir, dass die Menschen sogar das Gras domestiziert haben. Ich schließe meine Augen, atme ein paar Mal tief ein und aus, um in meine Mitte zurückzufinden, und denke über meine Unterhaltung mit Tonantsin nach. Ihre Wildheit war es, die in mir den Wunsch entstehen ließ, wieder nach Hause zurückzukehren. Außerdem schenkte sie mir einen Lebenssinn. Ich weiß jetzt, was ich zu tun habe, auch wenn mir noch nicht klar ist, wie ich es bewerkstelligen soll …

Die Luft hier ist voller Leben. Ich nehme das Geschenk entgegen und lasse es mit immer noch geschlossenen Augen in mich einsinken, damit es meine Zellen nähren kann. Ich bin sicher, dass ich lernen muss, wie ich die Gaben aus meiner Umgebung aufnehmen kann. Und zu diesem Zweck muss ich, wie Maria mich lehrte, das Gefühl loslassen, dass ich diese Liebe nicht verdiene.

Als ich die Augen öffne, sehe ich, dass ich direkt am Teich stehe. Ich beuge mich über das kühle Wasser und benetze damit mein Gesicht. Dann sehe ich nach oben und öffne mich den wärmenden Strahlen der Sonne. Erst jetzt fällt mir auf, wie ausgehungert ich durch den Aufenthalt bei Tonantsin bin. Ich beschließe, niemals an einem Ort zu leben, der so wenig natürliche »Nahrung« bietet.

»Bist du hungrig?«, höre ich eine Stimme zu meiner Rechten.

Ich drehe mich um. Dort auf einer Decke unter einem Kirschbaum sitzen der Tiger, der Baummann und – zu meinem Entsetzen – auch Etienne. Seine Gegenwart bringt mich aus dem Gleichgewicht, daher bitte ich um Stärke und Führung.

Während ich wie angewurzelt stehen bleibe, wiederholt mein Baumfreund seine Frage: »Bist du hungrig?«

»O ja!«, antworte ich. »In jeder Hinsicht!«, füge ich im Stillen hinzu.

»Nun, dann komm zu uns.« Er winkt mich zu sich.

Um meine Furcht zu verbergen, halte ich den Kopf hoch, während ich auf die Decke zugehe. Ich weiß nicht recht, wie ich Etienne gegenübertreten soll. Ich denke an meine Besuche bei Maria, Isis und Tonantsin zurück und verbinde mich mit der weiblichen Energie in mir. Schließlich finde ich den Mut, etwas zu sagen.

»Hallo. Ich habe euch vermisst.«

Sie machen mir auf der Decke Platz. Ich setze mich zum Tiger und sehe in seine freundlichen Augen. Dann streichle ich über sein Fell, um das Beben meiner Hände zu verbergen. Er reagiert nicht darauf. Der Baummann scheint wie immer innerlich zu lachen. Ich weiß nur nicht, ob über mich oder mit mir. Meine Unsicherheit steigt, als ich Etiennes Blick begegne. Wir sehen uns für den Bruchteil einer Sekunde an, dann brechen wir gleichzeitig das Schweigen: »Es tut mir Leid.«

Sofort senke ich den Blick, denn meine Augen brennen und ich will jetzt nicht anfangen zu weinen. Nach ein paar Minuten kann ich Etienne wieder ansehen. Meine Augen sind zwar immer noch feucht, aber zumindest strömen mir die Tränen nicht mehr über die Wangen.

Sein Gesicht wird weich, als er meine Verwundbarkeit bemerkt. »Ich habe mich durch unsere Verbindung wohl bedroht gefühlt. Ich hätte nicht so eiskalt sein dürfen. Am liebsten würde ich unser letztes Gespräch noch einmal führen.«

Unser letztes Gespräch scheint mir Äonen zurückzuliegen. So viel ist seitdem geschehen. Isis verhalf mir zu der Einsicht, dass ich diesen Mann nicht brauche und dass ich auch ohne ihn glücklich werden kann.

»Ich habe viel gelernt, seit wir uns zum letzten Mal gesehen haben«, gebe ich zurück. »Ich bin jetzt bereit, dieses Gespräch noch einmal zu führen. Dieses Mal werde ich anders darauf reagieren. Ich habe meine Leidenschaft den Kräften des Seins übergeben. Ich weiß nun nicht mehr, was das Beste für uns ist. Und ich habe nicht die Absicht, mich an dich zu hängen.«

Der Baummann und der Tiger hören aufmerksam zu. Ich bin froh, dass Etienne meine Freunde kennen gelernt hat. Ihre Gegenwart gibt mir Kraft.

»Ich brauche Zeit, um über Verschiedenes nachzudenken«, fährt Etienne fort. »Ich habe bestimmte Verpflichtungen, vor allem was meinen geistigen Weg betrifft. Aber ich möchte dich nicht aufgeben. Ein Teil meiner Lektionen dreht sich darum, eine Beziehung von ganzem Herzen zu leben. Trotzdem brauche ich dazu ein wenig Zeit, C. Ich hoffe, du verstehst das.«

»Natürlich verstehe ich das. Auch ich weiß nicht, ob im Moment eine Beziehung in mein Leben passt, obwohl ich mir sicher bin, dass eine bewusste Beziehung mir viel geben wird. Wenn uns eine solche bestimmt ist, werden wir sie erleben, wenn es an der Zeit ist. Ich kämpfe nicht gegen den Strom des Lebens an, der mich trägt.«

»Gratuliere«, sagt der Baummann. »Ich denke, ihr seid auf dem besten Weg zu lernen, wie ihr euch gegenseitig unterstützt und gleichzeitig jeder zu sich selbst findet. Genau das ist wahre Liebe.«

Wie wahr diese Worte doch sind. Genau das wollte ich: eine Beziehung, in der man sich gegenseitig bei der Heimkehr ins Leben unterstützt. Ich möchte keine Beziehung der Abhängigkeit. Ich möchte Etienne unterstützen, sich zu finden, und ich möchte dasselbe für mich. So sei es.

Wir bleiben zu viert auf der Decke unter dem Kirschbaum sitzen, genießen den Tag und haben Spaß miteinander. Nach einer Weile erzählen Etienne und ich uns gegenseitig, was wir seit unserem letzten Treffen erlebt haben. Seine Erlebnisse scheinen weit weniger dramatisch als meine, obwohl auch sein Thema unsere Beziehung war: Er brachte seine Zeit in Meditation und Kontemplation zu.

Ich spreche von meinen Erkenntnissen. An den Augen des Baummannes und des Tigers erkenne ich, dass sie schon Bescheid wissen, aber trotzdem gerne zuhören. »In all meinen Abenteuern ging es um Partnerschaft: um unsere Beziehung zur Natur, zu anderen Menschen und zur wahren Liebe. In der Welt, aus der ich komme, gibt es nur noch wenige soziale Beziehungen. Außer in Notzeiten wie bei Kriegen oder Naturkatastrophen nehmen die Menschen keine Verbindung mehr zueinander auf, um gemeinsam ihre Energien zu nutzen oder sich gegenseitig zu unterstützen. Früher halfen die Jungen den Älteren und diese gaben den jüngeren Menschen wertvolle Ratschläge. Heute haben Jung und Alt kaum noch Kontakt zueinander. Sie verstehen sich nicht mehr. Auch die Familien sind weitgehend auseinander gerissen und leben nur sehr selten in Clans oder Stammesgemeinschaften. Die moderne Medizin hat zwar ausreichend Techniken zur Verlängerung des Lebens erfunden, wie man dieses Leben aber dann gestaltet, zeigt sie uns nicht. Die älteren Menschen in unserer Kultur haben ihre Seele und ihre Vision verloren. Daher können sie jungen Menschen nicht mehr helfen, sich daran zu erinnern, wer sie wirklich sind und woher sie kommen. Die meisten Menschen meiner Welt kennen nicht einmal die Wurzeln ihrer Überlieferung.

Außerdem verändert das soziale Leben sich rapide. Die meisten Menschen leben isoliert, was ihr Leben auf Dauer arm macht. Nur um Freunde zu finden, schließen junge Leute sich heutzutage verschiedenen Gruppen an, wo sie ein selbstzerstörerisches Leben führen. In allen Altersgruppen bleiben die Menschen mittlerweile mehr für sich. Ich denke, wir müssen lernen, unsere Ressourcen miteinander zu teilen. Schließlich bewohnen wir alle denselben Planeten.«

Mein Baumfreund unterbricht mich: »Aus allem, was du gesagt hast, höre ich viel Furcht heraus.«

»Das stimmt«, antworte ich. »Viele Menschen meiner Zeit leben in Angst. Der Großteil meiner Entscheidungen ist von Furcht bestimmt. Ich hoffe, einige dieser Ängste dadurch bekämpfen zu können, dass ich das, was ich in der Anderswelt gelernt habe, mit dem verbinde, was ich bereits weiß. Ein Teil meiner selbst ist jetzt zutiefst davon überzeugt, dass wir alle durch ein gigantisches Netz miteinander verbunden sind.«

»Kennst du den Grund deiner Angst?«, fragt der Baummann. »Im Mittelpunkt des Evolutionsgedankens steht das Überleben des Stärkeren. Vereinfacht gesagt haben deine Ahnen dir die Gene vererbt, die es dir ermöglichen zu überleben. Deine Vorfahren überstanden Kriege, Hungersnöte und andere Katastrophen und diesen Überlebenswillen haben sie an dich weitergegeben. Außerdem hast du die Botschaft erhalten, dass die Art um jeden Preis überleben muss. Wenn man all das berücksichtigt, so würde ich sagen, dass deine Angst die Angst vor dem Tod ist, davor, dass die Menschheit vollkommen ausgerottet werden könnte. Also scheint die Angst zusammen mit der Überlebensinformation in deinen Zellen zu wohnen.

Alle Lebensformen tragen diese genetische Botschaft in sich.

Dies ist Teil der Erfahrung auf der Erde. Darüber hinaus sind alle Lebensformen so ›vernetzt‹, dass sie eine Flucht- oder Kampf-Reaktion haben, die ihr Überleben sicherstellt. Einerseits hilft deine Verbindung zur Natur dir also, ihre Schönheit und ihre Gaben in Empfang zu nehmen. Andererseits aber bringt diese Beziehung es mit sich, dass die Angst vor dem Auslöschen für immer in deinen Körperzellen gespeichert ist. Solange du auf der Erde lebst, wirst du Angst haben.«

»Aber was du sagst, widerspricht dem, was ich auf meinen Reisen gelernt habe. Einerseits heißt es, ich sei Geist und könne daher nicht ausgelöscht werden. Man sagt mir, ich solle mich der Strömung des Lebens überlassen, um in Harmonie leben zu können. Und du behauptest jetzt, dass Angst und Fluchtinstinkte biologisch in meinen Zellen verankert sind, damit das Erbe der Art überlebt. Wie kann ich zur selben Zeit ein spirituelles Wesen und ein angstgesteuerter Organismus sein?«

Etiennes Augen beginnen zu funkeln, bevor er sich ins Gespräch mischt: »Genau damit habe ich mich lange beschäftigt. So lange wir Menschen sind, haben wir einen Körper, der mit Angst reagiert. Doch wir sind eben nicht nur Körper, wir sind Geist in einem Körper. Daher können wir lernen, uns von unserem physischen Organismus abzukoppeln. Sobald wir uns von unserem Körper gelöst haben, können wir die Angst von außen betrachten, das heißt, sie beherrscht uns nicht mehr länger. Ich übe mich schon seit längerem in dieser Art von Beobachtung und habe mittlerweile gelernt, auf Angst anders zu reagieren als vorher.«

»Du meinst also, meine Furcht sei ganz normal, nur meine *Reaktion* darauf bereite mir Probleme.«

»Genau«, antworten Etienne und der Baummann gleichzeitig. Sogar der Tiger nickt bestätigend mit dem Kopf.

»Anders auf Furcht zu reagieren erfordert vermutlich viel Übung?«

»Ja«, bestätigt Etienne. »Aber du kannst dir selbst die Werkzeuge schmieden, die du brauchst, um das zu schaffen. Eine gute Methode ist beispielsweise, sich täglich hinzusetzen und sich daran zu erinnern, wer du bist. Auf diese Weise löst du dich aus dem täglichen Kampf.«

»Wenn ich mir all das, was ich hier gelernt habe, durch den Kopf gehen lasse, sieht es fast so aus, als würde noch eine Menge Arbeit auf mich warten.«

»Ich will ganz ehrlich zu dir sein, C. Es gibt da etwas, das mir Sorgen macht«, meint Etienne. »Alles, was du von deinen Abenteuern erzählt hast, sagt mir, dass dein Weg ein vollkommen anderer ist als meiner. Ich lebe ganz in Kontemplation und Beobachtung. Ich habe mir nicht vorgenommen, die Welt zu ändern. Wenn ich mit dir eine tiefe Beziehung eingehen soll, dann möchte ich, dass auch du diese Beziehung intensiv lebst.«

»Ich weiß nicht, was ich dir darauf antworten soll, Etienne. Bisher sammle ich einfach nur Informationen und Erfahrungen. Ich weiß noch nicht, wie ich sie in meinem Alltagsleben umsetzen werde.«

»Darf ich unterbrechen?«, erklingt plötzlich eine vollkommen fremde Stimme.

Etienne und ich waren so in unser Gespräch vertieft, dass wir die Ankunft einer neuen Lehrerin nicht bemerkt haben. Es ist die Frau, die ich traf, als ich das Krankenhaus verließ. Ich sehe sie an, weil mir plötzlich bewusst wird, dass ich sie noch nie bei Tage gesehen habe. Sie sieht sehr vertraut aus.

»Mein Name ist Cassandra«, sagt sie zu Etienne und nickt mir zu. »Kann ich mich setzen?«

Wir machen für sie Platz auf unserer Decke. Kaum betritt sie die Szene, ist der Tiger auch schon an ihrer Seite. Sie streichelt ihn liebevoll, so als würde sie ihn schon lange kennen. Und auch die Art und Weise, wie sie den Baummann ansieht, sagt mir, dass die beiden sich kennen.

Cassandra sieht mich an und sagt: »Etienne hat dir sehr wichtige Informationen gegeben. Wie du bereits weißt, hat das Leben eines jeden Menschen einen bestimmten Sinn. Mit zu diesem Lebenszweck gehört das Leben in einer von gegenseitiger Achtung geprägten Beziehung. Diese Beziehung wird dir zeigen, wer du wirklich bist, und sie wird dich mit deiner weiblichen Energie in Kontakt bringen. Natürlich hast du auch eine Aufgabe in der Welt, doch diese musst du so erfüllen, dass du gleichzeitig auf dich selbst achtest.

Die Zeit, in der du dich selbst für das große Ganze geopfert hast, ist nun endgültig vorüber. Die Göttin will keine Märtyrerinnen. Du hast also eine Aufgabe in der Welt zu erfüllen, aber du musst gleichzeitig an dir selbst arbeiten und an dem, was dich wirklich bewegt. Du wirst viel aus deiner Beziehung zu Etienne lernen, allerdings nur, wenn du dich genauso auf ihn einlässt wie auf das Leben. Du musst den Weg des Gleichgewichts gehen.«

»Ich habe in der Zeit, die ich hier verbracht habe, viele Botschaften erhalten. Bevor ich wissen kann, ob ich voll hinter diesen Informationen stehen kann, muss ich sie erst einmal leben.«

»Das ist richtig, C«, meint Cassandra. »Deine Reisen hier werden bald zu Ende sein, aber du wirst Prioritäten setzen wollen, bevor du nach Hause kommst. Du wirst genügend Zeit haben, um das, was du gelernt hast und worum deine Seele gebeten hat, anzuwenden. Gib dich einfach der Reise deiner Seele in diesem Land hin und mach dir keine Gedanken darüber, wie du deine neuen Erkenntnisse anwenden kannst.

Bevor ihr, du und Etienne, euch wieder trennt, musst du dich entscheiden, ob du dich ganz darauf einlassen willst, mit ihm den Weg wahrer Liebe zu erkunden. Bitte dein Herz, auf Etiennes Befürchtungen zu antworten.«

»Etienne«, sage ich zu ihm. »Ich will mich wirklich ganz auf dich einlassen, aber du wirst Geduld mit mir haben müssen. Das alles ist so neu für mich.«

»Ich weiß. Auch für mich ist der Gedanke an eine ernsthafte Beziehung ziemlich neu. Ich scheine zwar meine Bedürfnisse gut zu kennen, aber manchmal habe ich den Eindruck, dass ich mir das nur einbilde. Ich habe hier noch einiges zu erledigen, warum also trennen wir uns nicht, beenden unsere Reise und treffen uns später wieder?«

»Aber wie soll ich dich finden?«

»Keine Sorge, *ich* werde *dich* finden. Hab Vertrauen in uns und unsere Liebe.«

»Etienne hat Recht«, meint Cassandra. Und auch mein Baumfreund nickt.

»Komm, C, gehen wir ein wenig spazieren«, schlägt Etienne vor.

Er führt mich durch die Seitentür ins Schloss zurück. Als wir die Eingangshalle durchqueren, an die ich mich so gut erinnere, scheint er ganz in Gedanken versunken.

»Was denkst du gerade?«, frage ich.

»Ich frage mich, in welchen Raum ich dich bringen soll … Jetzt hab ich's!«, ruft er aus und bleibt stehen. »Folge mir.«

Nachdem wir an mindestens zwanzig Räumen vorbeigegangen sind, öffnet Etienne eine Tür ganz am Ende der Eingangshalle. Obwohl ich große Lust habe, all die anderen Räume ebenfalls zu erkunden, lasse ich mich von meinem Körper leiten. Was Etienne mir zeigen will, interessiert mich jetzt mehr als eine weitere Reise auf eigene Faust.

An der Schwelle nimmt er meine Hand und sieht mir tief in die Augen. Dabei berührt er alle verschlossenen Orte in mir. Es ist, als würden in unbewohnten Räumen plötzlich die Lichter angehen. Er hebt mich hoch. In seinen Armen fühle ich mich ungeheuer leicht.

Etienne trägt mich über die Schwelle in einen Raum, der von Hunderten von Kerzen erleuchtet wird. In der Mitte steht ein großes Bett aus Holz. Sanft lässt Etienne mich auf die Matratze gleiten. Feuerzungen umfangen meinen Körper, als er sich neben mich legt. Leidenschaftlich küssen wir uns. All meine Ängste sind verschwunden und die Göttin in mir kommt wieder zum Vorschein. Zärtlich zieht Etienne mich aus und nimmt dabei seine Augen nicht eine Sekunde von meinem Körper. Ich bin normalerweise nicht besonders selbstbewusst, aber der weibliche Teil meines Selbst fühlt sich sicher und vergeht vor Verlangen nach ihm. Ich ziehe ihm das Hemd über den Kopf …

Haut an Haut werden wir nun doch zu einer Seele vereint.

Bevor ich in tiefen Schlaf falle, sage ich mir selbst, dass die Entzweiung geheilt werden wird. Die Nacht verbringen wir in Umarmung.

Am Morgen erwache ich von den Lichtstrahlen, die milde durch das kleine Fenster des Raumes fallen. Die Kerzen sind alle heruntergebrannt. Ich sehe zu Etienne hinüber, der eben erwacht. Er streckt den Arm nach mir aus und ich schmiege mich eng an seinen Körper.

»Ich liebe dich«, flüstert er mir ins Ohr.

»Ich liebe dich auch«, antworte ich und drehe mich um, um ihn besser küssen zu können.

»Du weißt, dass wir zusammengehören, C.«

»Ja. Ich vertraue darauf, dass es so sein wird.«

»Jetzt muss ich gehen. Aber ich werde dich wieder finden. Ich verspreche es dir. Glaubst du mir?«

»Tief in mir drin weiß ich, dass du mich wieder finden wirst, Etienne. Mein Körper sagt mir, dass du die Wahrheit sagst. Ich werde dich schrecklich vermissen und dich immer im Herzen behalten.«

Etienne küsst mich liebevoll auf Stirn und Lippen. Dann steht er auf und zieht sich an.

»Dieses Mal folgst du mir bitte nicht. Auf dich warten andere Orte. Gute Reise.«

Bevor ich antworten kann, ist er verschwunden. Ein Teil von mir freut sich auf meine Zukunft mit Etienne, der andere aber hat Angst. »Geht das schon wieder los mit diesem verdammten Überlebenswillen?«, frage ich mich selbst. »Kennt dieser Teil denn nichts anderes als Angst?« Das Bedürfnis nach Sicherheit hat bisher mein Leben beherrscht. Ich hoffe, dass ich einen Weg finden werde, um diese Programmierung zu ändern.

Langsam ziehe ich mich an. Als ich in die Schuhe schlüpfe, sehe ich mich zum ersten Mal in diesem Raum genauer um. Das Bett ist aus dunklem Kirschholz geschnitzt. Die Täfelung ist ebenfalls dunkel, sieht aber mehr wie Eiche aus. Vor dem schmalen Fenster hängen weiße Spitzenvorhänge. Sonst ist nur noch ein Spiegel im Raum, ein Tor zu anderen Welten. Wohin mag dieser wohl führen?

Bevor ich den Raum verlasse, werfe ich noch einen letzten Blick auf das Bett, das unserer ekstatischen Vereinigung als Lager diente. Ich habe das Gefühl, als würde ich davon ein geistiges Foto machen, damit ich mich später an diesen besonderen Moment besser würde erinnern können. Dann gehe ich in die Eingangshalle hinaus und schließe die Tür hinter mir.

Auf dem langen Weg zum Eingangstor sehe ich mich nicht um. Meine Augen sind nach innen gerichtet, so kann ich das, was mir von diesem intensiven Liebeserlebnis geblieben ist, noch einmal auskosten.

Als ich aus dem Schloss ins Freie trete, sehe ich den Baummann und den Tiger auf mich warten. Cassandra ist nirgendwo zu sehen.

Nun machen wir drei uns auf den langen Weg zurück zur Wiese. Wir gehen schweigend, so dass ich die Wellen der Ekstase, die immer noch meinen Körper durchziehen, genießen kann. Bevor ich den kurz geschorenen Rasen verlasse, drehe ich mich noch einmal um und werfe einen Blick zurück aufs Schloss. Es löst sich in nichts auf. Eigentlich überrascht mich das nicht weiter, denn wenngleich auch die Leidenschaft, die ich dort erlebte, sich ganz wirklich anfühlte, so kam mir das Schloss selbst doch nie sonderlich real vor.

Gemächlich wandern wir weiter, das Spiel der Farben der aufgehenden Sonne betrachtend. Als wir an der Kristallhöhle ankommen, bleibt der Tiger stehen und bietet uns an, uns auf seinem Rücken zu tragen. Sein weiches Fell kitzelt auf meiner Haut, die von der sinnlichen Erfahrung immer noch sehr lebendig ist. Kaum habe ich eine bequeme Position zum Sitzen gefunden, geht der Ritt los. Der Wind schlägt mir ins Gesicht und lenkt meine Aufmerksamkeit auf das Spiel der Elemente um mich herum.

Schließlich erreichen wir die Wiese, auf der das Gras sehr hoch steht. Ein paar Meter entfernt erkenne ich eine Öffnung in der Erde – den Punkt, an dem ich angekommen bin. Hier hält der Tiger an. Mein Baumfreund und ich steigen ab. Ich sehe dem Tiger tief in die Augen – das eine ist grün, das andere blau. Mich von ihm zu verabschieden bereitet mir keinerlei Schmerz, denn ich weiß, dass wir sehr lange Freunde bleiben werden. Trotzdem umarme ich ihn fest und drücke ihm einen Kuss auf die Stirn.

Auch der Baummann legt dem Tiger die Hand auf den Kopf. Es scheint, als würden sie eine stille Botschaft miteinander austauschen.

Dann betrete ich gemeinsam mit dem Baummann den dunklen Tunnel. Erstaunt stelle ich fest, dass er unter Wasser steht. Die kühle, dunkle Erde, die ich kenne, ist verschwunden. Mit wenigen Stößen schwimme ich durch den Tunnel und finde mich im kühlen Wasser der Lagune wieder. Die untergehende Sonne lässt die Umrisse des Vollmonds, der gerade aufgeht, deutlich erkennen. Ich höre die Mondfrau meinen Namen rufen und weiß, dass ich sie treffen werde, bevor ich nach Hause zurückkehre. Mittlerweile habe ich gelernt, meiner Intuition zu vertrauen und an das zu glauben, was mir wahr scheint.

Ich plansche am Ufer entlang und sehe zu, wie der Baummann das Kaninchen mit einem Kuss auf die Nase begrüßt. Dann ziehe ich mich aus dem Wasser und sehe in die braunen Augen des Kaninchens, die mich willkommen heißen. Mein Blick fällt auf die Spitzen der Kiefern, und ich fühle, dass meine Zeit in dieser Welt sich ihrem Ende zuneigt. Ein Nicken des Baummannes bestätigt mein Gefühl.

»Ich kann mir nicht vorstellen, mich von dir zu verabschieden«, sage ich. »Dieser Ort ist mir fast zur zweiten Heimat geworden. Ich kann doch zurückkommen, oder?«

»Natürlich. Dies ist dein Heim in der Anderswelt und du wirst noch oft hierher kommen. Wir müssen uns nicht verabschieden, C.«

»Gern möchte ich mein Gespräch mit Isis fortsetzen, aber ich kenne den Weg zu dem Ort, an dem sie sich aufhält, nicht. Kannst du mir helfen, sie wieder zu finden?«

Der Baummann nimmt mich mit zu einer Lichtung, wo er ein

kleines Feuer anzündet. »Geh in dieses Feuer hinein. Es wird dir helfen, dich zu transformieren, so dass du zu Isis gelangst. Halt dir ihre Wohnstatt als Ziel vor Augen, sonst wirst du vielleicht abgelenkt und landest irgendwo anders.«

Der Baummann nimmt meine Hand und haucht einen Kuss darauf. Mit dieser Berührung sagt er mir für den Augenblick auf Wiedersehen.

Ich sehe in seine lachenden Augen. Mein Herz ist voller Liebe für ihn. Unter all den wunderbaren Geistern, die ich getroffen habe, hat keiner mein Herz und meine Seele so tief berührt wie er. Niemals zuvor habe ich eine so intensive Liebe erfahren, wie sie zwischen uns zu spüren ist.

Dann trete ich mit ein bisschen Trauer im Herzen in das flackernde Feuer und verwandle mich in Rauch. Mein Geist verschmilzt mit dem Geist des Feuers und steigt zu den fernsten Himmeln auf.

Sobald ich zwischen den Wolken bin, spüre ich, wie mein Körper zu mir zurückkommt. Mein Wunsch trägt mich tatsächlich zu Isis – und das geschieht so schnell, dass ich nicht einmal Gelegenheit habe, einen Blick auf die vorbeihuschenden Welten zu werfen. Schließlich werde ich langsamer. Ich bin am Ziel. An dem einfachen, heiligen Raum ohne Decke an den Ufern des Nils halte ich an.

Isis, die am Boden sitzt und einen Korb flicht, sieht auf und lächelt.

Ich trete ein und begrüße sie: »Es ist schön, wieder hier bei dir zu sein.«

»Du hast auf deinen Reisen keine Zeit verschwendet. Du hast allerhand gelernt. Setz dich doch.«

Ich setze mich auf den gewobenen Teppich. »Dein Heim ist so wundervoll. Es strahlt eine ganz besondere Energie aus.«

»Dieses Haus hat eine Seele. Alles, was du hier siehst, hat für mich eine besondere Bedeutung. Viele dieser Dinge habe ich selbst gemacht.«

»Meine Wohnung strahlt wenig Vitalität aus. Wie kann ich wohl ein wenig von dieser Stimmung in mein Apartment bringen?«

»Die Antwort auf diese Frage hat mit dem zu tun, was dir bereits meine Schwester Tonantsin gesagt hat. Was du eigentlich willst, ist, dass dein Heim, dein heiliger Ort, dir deine Lebenskraft zurückspiegelt. Du möchtest einen Ort haben, der Vitalität ausströmt, wenn du dich umsiehst.

Genau wie du eine Seele hast, so haben auch das Land und der Ort, an dem du lebst, eine Seele. Aber weil deine Kultur die heilige Kraft in belebten und unbelebten Dingen nicht ehrt, bist du von Leblosigkeit umgeben. Aber es gibt mehrere Methoden, deiner Wohnung die Seele zurückzugeben. Du kannst sie einfach bitten, zu dir zurückzukommen. Oder du kannst sie zurücksingen. Ich singe gerne, also mache ich es meistens so.

Sobald du die Seele deiner Wohnung zurückgeholt hast, kannst du dein Apartment mit Dingen ausstatten, die für dich Macht haben, die dir lebendig erscheinen. Steine oder frische Blumen sind hierfür hervorragend geeignet. Was immer du dir auch aussuchst, mach dir bewusst, was dieses Objekt für dich bedeutet. Frag dich: Welchen Teil von mir spiegelt dieses Objekt wider? Hat es in meinen Augen Macht und Leben? Wenn nicht, dann solltest du es nicht in dein Heim bringen. Stell dir dieselben Fragen auch in Bezug auf die Dinge, die du bereits in der Wohnung hast. Was davon möchtest du behalten? Was musst du loslassen?

Dann kannst du jeden Raum in deiner Wohnung weihen. Oder du entscheidest dich nur für einen geheiligten Raum. Letztlich geht es aber darum, den Ort, an dem du lebst, zu lieben. Jede Seele braucht Aufmerksamkeit, auch die in unserem Heim.

Dies trifft auch auf dein Büro zu. Du kannst auf deinen Schreibtisch etwas stellen, das die Energie deines Arbeitsplatzes verändert. Nimm eine Blume, einen Kristall oder einen gewöhnlichen Stein. Denk daran, das Leben blüht überall, sogar unter Kunstlicht. Du musst es nur einladen zu kommen.

Und dafür gibt es keinen richtigen oder falschen Weg. Du musst es einfach ausprobieren. Achte darauf, ob die Energie des Ortes sich zum Positiven wandelt, wenn du dieses Objekt aufgestellt hast. Wenn ja, dann weißt du, dass dein Bemühen von Erfolg gekrönt war. Falls nicht, dann ist dir zumindest klar, dass du weitersuchen musst.«

»Danke für deine Ratschläge«, sage ich, von diesen neuen Aussichten fasziniert.

»Komm, gehen wir ein bisschen spazieren«, schlägt Isis vor, steht auf und verlässt den Raum.

Bevor ich gehe, lasse ich noch einmal die Harmonie ihres Heims auf mich wirken. Dass ein Ort eine Seele haben soll, ist eine aufregende Vorstellung. Ich verspreche mir selbst, dass der Ort, an dem ich wohne, bald ebenso viel Energie und Lebenskraft ausstrahlt wie dieser.

Dann folge ich Isis durch die Wiesen am Ufer des Nils. Das Gras hier ist zwar schön, aber lange nicht so weich und üppig wie auf unserer Wiese.

»Jeder Ort, den ich hier gesehen habe, hat seine ureigene Schönheit«, bemerke ich.

»Ich denke, das kann man auch von jedem Wesen behaupten, dem du begegnet bist«, gibt Isis zurück.

»O ja. Ich habe ein paar ganz außerordentliche Energien kennen gelernt.«

»Du wirst feststellen, dass dies auch auf Menschen zutrifft. Jeder Mensch wird mit seiner eigenen Schönheit, seiner eigenen Essenz geboren. Daher kann man eine Person niemals mit einer anderen vergleichen. Aber genau das ist es, worauf deine Kultur aufgebaut ist. Ihr teilt die Menschen nach Rasse, Status und Bildungsstand ein, statt sie um der Energie willen zu schätzen, die sie in die Welt bringen. Diese unpersönliche Sicht der Dinge hat katastrophale Auswirkungen, findest du nicht?«

»Und ob. Mir brauchst du das nicht zu sagen.«

»Was an jedem Menschen einzigartig ist, ist euch verloren gegangen. Statt auf eure wahre Natur konzentriert ihr euch auf das, was Eltern, Lehrer und andere Autoritätspersonen euch als Selbstbild mitgeben. Doch diese Ansätze führen nur zu einem falschen Gefühl von Identität. Und sie halten euch davon ab, euer wahres Potential zu leben, was euer Geburtsrecht ist. Ihr habt das Recht, eure Seele voll auszudrücken.

Du hast in diesen Tagen viel über dich selbst gelernt. Du hast deinen wahren Ursprung erkannt, deine Ängste erforscht und gesehen, wie weit du dich von den Rhythmen der Natur entfernt hast. Und du hast dir deine Aufgaben gesucht. Nun bleibt dir noch zu lernen, wie du dich von den Stimmen löst, die dich von deinem wahren Sein entfernen. Du musst lernen, über deine sozialen Prägungen hinauszugehen.«

Hier steigt Isis auf einen hohen Felsen. Ich setze mich neben ihr auf die Erde. Der Singsang in ihrer Stimme erinnert mich an das Wesen, das mich am Beginn meiner Reise begrüßte, als ich noch im Krankenhaus war. Diese hypnotischen Töne fesseln mich, weil sie vollkommen in Einklang mit ihrer Energie zu stehen scheinen.

Ich schlinge die Arme um meine Knie und blicke fasziniert in ihre glänzend schwarzen Augen. Ich will mehr hören.

»Spürst du, ob jemand die Wahrheit sagt oder lügt?«

»Ja«, antworte ich. »Ich hatte immer schon das Gefühl, über einen eingebauten Lügendetektor zu verfügen. Ich weiß, dass etwas wahr ist, wenn ein grünes Licht in meinem Solarplexus aufzutauchen scheint. Belügt mich jemand oder treffe ich eine falsche Entscheidung, sehe ich eine Art roter Fahne. Ich beachte diese Signale nicht immer, aber ich erhalte sie.«

»Das ist gut. Es ist zumindest ein Anfang. Wenn du dich auf den Pfad des rechten Handelns begibst, musst du auf die Stimmen in deinem Geist achten. Jedes Mal wenn du eine hörst, fragst du dich: ›Ist das mein wahres Selbst oder eine Stimme aus der Vergangenheit?‹ Ist es deine Stimme, dann beherzige die Information. Ist es eine andere, versuche herauszufinden, wer da spricht und beachte die Botschaft nicht weiter.

Je besser es dir gelingt, deine eigene Stimme herauszufiltern, desto eher wird es dir gelingen, in Kontakt mit deiner wahren Natur zu kommen. Wie du bereits weißt, sitzen in dir Ängste – sie sind Teil des genetischen Codes. Deine Aufgabe wird es sein, ihnen für ihre Hilfe, die sie für dein Überleben geleistet haben, zu danken, dich dann davon loszulösen und in eine tiefere, allwissende Schicht deines Selbst zu gehen – den Teil, den du als Beobachter kennst. Von dort aus wirst du deine innere Lichtquelle erblicken. Dieses Licht schenkt dir Energie, Leidenschaft und Kreativität. Der weibliche Teil deiner selbst wird diese Energie erfahren, während der männliche oder dynamische Teil es in der Welt Wirklichkeit werden lässt.«

»Und wie viel muss ich über meine Vergangenheit wissen? Muss ich viel Energie auf das verwenden, was früher falsch lief?«

»Deine alten Verletzungen und Fehler sind nur dann wichtig, wenn du dich entscheidest, daran etwas zu ändern. Du solltest wissen, dass deine alten Wunden Stimmen hervorgebracht haben, die dich jetzt an der Entwicklung deines Potentials hindern. Aber es macht keinen Sinn, sich in der Vergangenheit zu verlieren, denn wenn du vergangene Ereignisse ununterbrochen analysierst, macht dich das nicht frei. Frei wirst du nur, wenn du entdeckst, weshalb du hier bist und wer du jenseits aller Konditionierungen wirklich bist.

Ein Erwachsener hat andere Möglichkeiten als ein Kind. Es ist eine ungeheure Befreiung, wenn dir klar wird, dass du nicht in deiner Vergangenheit gefangen bist. Wenn du dich in all deinen Verletzungen verlierst und die Möglichkeiten, die du jetzt hast, nicht erkennst, wirst du die Wunde immer nur wieder neu erschaffen.«

»Ich verstehe, was du meinst. Ich bin meiner Vergangenheit bisher aus dem Weg gegangen – aus Gründen, die ich mittlerweile nicht mehr für wichtig halte. Jetzt erkenne ich, dass es durchaus Sinn hat, sich mit der Vergangenheit zu beschäftigen, wenn dies hilft, über die nötigen Veränderungen im Leben zu entscheiden. Aber ich kann mir immer noch nicht vorstellen, welchen Sinn mein Leben als Ganzes hat und wozu ich hier bin – außer, um mein Licht leuchten zu lassen. Was soll ich tun, um das herauszufinden?«

»Du kannst, um deinen Lebenssinn zu finden, beispielsweise auf Visionssuche gehen. Oder du erbittest die Antwort in einem Traum. Es gibt viele spirituelle Techniken, die dir bei dieser Suche helfen. Auch die Reise, auf die du dich begeben hast und die hiermit noch nicht beendet ist, wird dich dabei unterstützen.

Eine andere Möglichkeit ist, dich stets aufs Neue zu fragen, was dich auf allen Ebenen des Seins nährt. Auch die körperliche ist dabei wichtig. Denk daran, dass du zwar nicht dein Körper bist, aber dass dein Körper deinen Geist trägt und daher pfleglich behandelt werden muss. Wenn du kochst, dann tu es mit Liebe. Wenn du Nahrungsmittel auswählst, frag dich, ob sie dir gut tun. Und auch dein Handeln sollte von dieser Frage geprägt sein. Tu nur, was dich wirklich nährt.«

»Es scheint ganz schön viel Arbeit zu sein, Verantwortung für das eigene Leben zu übernehmen«, bemerke ich.

»Aber es ist einfacher, als sich mit den Konsequenzen auseinander zu setzen, die eine weniger fürsorgliche Haltung mit sich bringt«, gibt Isis zurück. »Deine Aufgabe wird dir durch alles, was du auf deinem Weg lernst, erleichtert. Und auch die Beziehung zu Etienne wird dir helfen, da sie sich zu einer wahren Schöpfungsgeschichte entwickeln wird. Außerdem wirst du Gleichgesinnte treffen und ihr werdet eure Kraftquellen miteinander teilen.

C, du wirst zum Instrument der Göttin werden. Denk daran, dass ein Instrument sich zum Spiel anbieten muss. Es kann sich nicht selbst spielen.«

Ihre Worte haben mir Kraft geschenkt. Daher frage ich weiter: »Die Lehrer, die ich in dieser Welt getroffen habe, sprachen häufig von den Rhythmen der Natur. Kannst du mir darüber noch mehr erzählen?«

»Oh, du wirst gleich deine älteste Lehrerin treffen. Lass dir von ihr den Weg zeigen.«

Mit diesen Worten gleitet Isis vom Felsen herunter und sagt: »Komm, ich bringe dich zu ihr.«

Der Mond geht gerade auf, als Isis mich zum Nil führt. Am Ufer angekommen, hebt sie ihren Arm, und ein starker Wind kommt auf.

»Lass dir vom Geist des Windes helfen«, befiehlt sie mir.

Ich stelle mich aufrecht hin, die Füße etwa schulterbreit auseinander. Die Hände habe ich nach oben gekehrt. Der Wind ist so stark, dass ich meine Augen schließen muss. Er schleift meinen Körper ab. Meine Haut, meine Knochen, jeder Quadratzentimeter meines physischen Seins wird zu Sand. Und dieser Sand wird nun von einem weiteren Windstoß nach oben getragen.

Kurze Zeit später werde ich in meinen Körper zurückgetragen – wie Sand, der in den unteren Teil einer Sanduhr rinnt. Ich bewege meine Zehen und spüre noch einige Körner zwischen ihnen. Ein salziger, algenschwerer Geruch steigt mir in die Nase. Und meine Ohren gewöhnen sich langsam an das Geräusch der Wellen. Ich bin am Meer.

Langsam öffne ich meine Augen, die immer noch vom Sand verklebt sind. Ich stehe an einem Strand – mir gegenüber ein gigantischer Ozean in der Dunkelheit der Nacht. Direkt über mir sehe ich den abnehmenden Mond. Wie gelähmt betrachte ich sein Spiegelbild im Wasser. Nun fällt mir ein, wie oft ich mir diese Szene vorgestellt habe: Ich stehe allein am Strand und betrachte das Wasser ... wie sich das Mondlicht darauf spiegelt. Ich denke daran, wie oft ich den Mond rufen hörte, seit ich in die Anderswelt gelangt bin. Ich wusste nie, wie ich antworten sollte.

Jetzt bin ich glücklich, ihm in all seiner schimmernden Schönheit endlich gegenüberzustehen. Ich setze mich im

Schneidersitz hin und lasse die Hände mit geöffneten Handflächen auf meinen Knien ruhen. Mit geschlossenen Augen nehme ich ein Mondlichtbad. Das Licht, das durch meinen Körper strömt, ist ganz anders als das Sonnenlicht, das meine Zellen speist. Das weibliche Licht des Mondes nährt meine Seele und trägt mich ins Zentrum meines Seins.

Ich gebe mich ganz dem Licht der Mondfrau hin, dem Geräusch der Wellen und dem Geruch des Meeres. Erinnerungen steigen in mir auf ... Ich bin am Meer groß geworden, habe in seinen Wellen getanzt und mich von ihnen tragen lassen. Manchmal fühlte ich mich, als würde es mich niemals loslassen, als würde es mich hinausziehen ... dorthin, wo die Meeresgöttin zu Hause war, damit ich für immer bei ihr leben konnte. Doch jedes Mal, wenn ich mich in der Umarmung der Meergöttin zu vergessen drohte, spuckte sie mich aus, bevor es zu spät war.

Vor dem Meer hatte ich niemals Angst. Ganz im Gegenteil, ich ließ mich stundenlang auf der Oberfläche treiben, mich in der Wiege der Meergöttin schaukeln, während ich die Wolken betrachtete. Wenn ich Kummer hatte, ging ich zu ihr. Ihre heranrollenden Wellen nahmen die Sorgen mit und erfüllten mich mit neuem Leben. Das Meer war immer schon da, um mich zu lieben, wenn ich sonst niemanden hatte, mit dem ich meine Trauer teilen konnte.

Der Takt der Wellen bestimmt meinen Atemrhythmus, und ich fühle erneut, welch heilende Kraft die See hat, die mitnimmt, was losgelassen werden muss, und mich im Gegenzug mit neuer Energie füllt. Es ist mir egal, ob ich mit ihr sprechen kann. Ich will ihr nur für ihre erholsame Präsenz in meinem Leben danken und nehme mir Zeit für dieses Gebet.

Dann schaue ich zum Mond hinauf und frage mich, wie ich wohl mit der Mondgöttin in Kontakt treten könnte. In diesem Augenblick höre ich eine Stimme: »Erinnerst du dich noch, C, als du ein kleines Mädchen warst und jede Nacht auf der Veranda ein Lied für den Mann im Mond gesungen hast?«

»Ich hab's vergessen.«

»Nun, ich nicht. Du hast mit offenem Herzen für mich gesungen und mich dadurch für immer in dein Leben geholt. Seither habe ich jahrelang wie ein Schutzengel über dich gewacht. Nun ist es Zeit für dich, meine Mysterien zu erleben. Es ist gut, dass du jetzt gekommen bist, wo ich am Abnehmen bin.«

»Warum?«, frage ich.

»Ich kann meine Geheimnisse nur offenbaren, wenn ich abnehme. Nehme ich zu, so löscht die Sonne meine wahre Natur aus. Erst wenn ich aufhöre, die Strahlen der Sonne zu reflektieren, kann ich meine Essenz zeigen.«

Die weibliche Stimme fügt hinzu: »Schließ nun deine Augen und erlaube mir, einen Raum zu erschaffen, in dem du deine ganze Fülle erleben kannst.«

Ich schließe meine Augen. Lichtstrahlen umfangen mich so zärtlich wie die Arme eines Geliebten. In ihre Umarmung gehüllt, falle ich tief in mich selbst hinein und sehe, wo ihr Licht in mir widergespiegelt wird. Kurze Zeit später erfüllt ihr Licht mich ganz.

»Du gibst dich völlig hin. Jetzt fallen deine inneren Grenzen.«

Es stimmt – ich habe mich ganz hingegeben und lasse jede Bindung an meinen Körper los. Ich bin in einem Zustand puren Seins.

»Ist die Stille nicht wundervoll?«, fragt die Stimme.

Die Stille ist so tief, dass ich sie nicht durch eine Antwort stören will. Doch schon kommt das Bewusstsein zurück. Langsam werde ich mir meiner selbst wieder bewusst.

Die Stimme meint: »Das Bewusstsein stört die Ausdehnung, nicht wahr?«

»Ja, es fühlt sich an wie ein Luftballon, der Luft verliert.«

»Bewusstsein führt zurück in den Zustand der Getrenntheit. Wenn du dir deiner selbst bewusst wirst, gibst du dich der Illusion hin, vom Ganzen getrennt zu sein.«

Es folgt Stille und so bin ich meinen Gedanken überlassen. Der Mensch hat sich zu einem Wesen entwickelt, das sich seiner selbst bewusst ist. Das kann eine Gabe sein, sich aber auch als Fluch herausstellen, nämlich dann, wenn wir unter der Knute des Ego vergessen, dass wir in ein Netz des Lebens verwoben sind.

Die weibliche Stimme des Mondes unterbricht meinen Gedankengang: »Sieh mich an und erkenne die Spiegelung deines Lebens auf der Erde und deiner Reisen in der Anderswelt in mir.«

Ich blicke zum Mond hinauf und sehe, wie dort auf etwas Ähnlichem wie einem Bildschirm ein Film abläuft – in Farbe. Ich sehe meine Geburt und wie ich als kleines Mädchen auf einem Sofa sitzend den Mond besinge. Ich sehe glückliche Szenen, in denen ich mit der Natur noch innig verbunden bin und die Liebe und Fürsorge meiner Eltern erfahre. Und dann werde ich sozialisiert und verliere Stück für Stück mein wahres Wesen. In der Schule verlässt mich mein kreatives Feuer vollends, als ich mich den Normen und Regeln der Gesellschaft anpassen muss.

Ich sehe, wie Familienmitglieder, Lehrer und andere Autoritätspersonen immer mehr Ton auf die Skulptur tun, die ich selbst hätte sein sollen: Sie laden all ihre Projektionen, ihre Glaubenssätze, Einstellungen und Gefühle auf mir ab, bis ich meine Identität verliere und zu dem Figürchen werde, das sie haben wollen.

Ich kann beobachten, wie der Ton auf meinem Körper fest und hart wird und in mir eine unnatürliche Spannung verursacht: Die negativen Gefühle meiner Umwelt und ihre Projektionen lasten schwer auf mir.

Die Anstrengungen, denen ich mich gnadenlos unterwerfe, lassen meinen Körper schließlich zusammenbrechen. Die Krankheit entsteht und schlägt ihre Zelte in mir auf, weil ich immer noch von meinem wahren Selbst getrennt bin. Mein Körper, das Gefäß meines Geistes, leidet darunter. Doch ein Teil meines Wesens, der fest entschlossen ist zu überleben, schafft eine Krise, die mir die Tore zu den anderen Welten öffnet, in denen ich mich schließlich daran erinnere, wer ich wirklich bin.

Nun folgen die Szenen der Anderswelt – mein Treffen mit

dem Baummann, dem Kaninchen, dem Tiger. Das Skelett, die Anakonda, Cassandra, Unsere Liebe Frau von Guadalupe, Maria, Isis, Tonantsin und Laotse. Ich sehe Jonathan und Leah und die Körbe voller Lichtkugeln, die gespannt darauf warten, endlich geboren zu werden.

Ich betrachte, wie ich neu geboren werde, wie ich meine Seele wieder finde, meinen Schwur des Lebens und meine Liebesgeschichte mit Etienne. Schließlich sehe ich den Mond, wie er mich in seinen Lichtmantel hüllt.

Ich verschmelze mit dem Mond. Beim Einatmen spüre ich ein Ziehen, beim Ausatmen ein Loslassen. Mir wird klar, dass Erde und Mond gemeinsam atmen. Der Mond herrscht über die Gezeiten und über den Rhythmus von Werden und Vergehen bei Tieren, Menschen und Pflanzen. Alle lebenden Wesen wachsen und handeln im Einklang mit seinem Zyklus.

»Ich werde dich vieles lehren«, erklingt die Stimme in meinem Traum. »Was du heute Nacht erfährst, ist nichts als ein Vorgeschmack, verstehst du?«

»Ja, ich werde kommen, sobald ich irgend kann.«

»Ich habe viel Geduld. Du hast die Macht meiner Anziehungskraft bereits kennen gelernt, und andere haben dir beigebracht, dass es zwischen Außen und Innen keinen Unterschied gibt.«

Ich nehme die Worte tief in mich auf und nicke.

»Zu den wichtigsten Wachstumsprinzipien im Kosmos gehören die Gesetze der Anziehung, die besagen, was du in dein Leben holst. Während du einatmest, vergegenwärtigst du dir deine Absicht zu leben. Beim Ausatmen hingegen atmest du deine schöpferischen Gedanken ins Universum hinaus. Das Universum hört sie und schickt dir genau die Schwingung, nach der du gerufen hast.

Alle Gedanken erzeugen energetische Schwingungen. Positive und negative Gedanken schwingen unterschiedlich, so dass sie Unterschiedliches hervorbringen. Möchtest du sehen, wie das funktioniert?«

»Natürlich«, antworte ich.

»Schließ deine Augen und denk an Etienne und deine Liebe zu ihm. Stell dir vor, dass dein Herz lächelt.«

»Ja, das ist ganz leicht.«

»Öffne dein Herz und bitte darum, dass dir die Schwingung deiner Liebe enthüllt wird.«

»Sie sieht aus wie kleine, pinkfarbene Seifenblasen. Sie machen ein Geräusch wie das erste Wesen, das ich im Krankenhaus kennen lernte. Und wie die Stimme von Isis.«

Einen Augenblick lang lasse ich mich vom Geräusch der Wellen, die ans Ufer schlagen, ablenken.

»Nun versuchen wir es einmal anders. Denk an jemanden, der dich wütend macht.«

»Ich möchte diese Energie jetzt aber nicht spüren.«

»Tu es um des Lernens willen. Mir zu Gefallen.«

Ich gehe in mich und denke an einen Menschen, auf den ich viel negative Energie projiziere. Schon spüre ich, wie der Ärger in mir wach wird und sich aufbläst.

»Jetzt höre ich nur dissonante Klänge und fühle mich von einer Dunkelheit umgeben, die nichts mit der wohltuenden Finsternis der Nacht zu tun hat.«

»Du kannst dir also vorstellen, was zu dir zurückkommt, wenn dieser Ruf eine Antwort findet.«

»Ja«, sage ich und öffne meine Augen, um das unangenehme Bild abzustellen. Ich lasse die Energie der Wellen über mich fließen. Sie waschen die Negativität, die das Experiment zurückließ, von mir ab.

»Wann immer du negative Gedanken, Überzeugungen und Haltungen aufkommen lässt, läufst du Gefahr, problematische Situationen anzuziehen. Das gilt auch für negative Tagträumereien.«

»Aber ich kann doch nicht ständig kontrollieren, was ich denke?«

»Das stimmt – du kannst deinen Schatten nicht töten. Aber du kannst deine Achtsamkeit so weit schulen, dass du die Quelle dieser negativen Geisteszustände erkennst. Immer wenn du von dem Licht in dir getrennt wirst, kommen negative Gefühle und Gedanken auf. Sobald du den Kontakt zu deinem Zentrum verlierst, machst du die Erfahrung der Dissonanz und atmest diese misstönende Energie in den Kosmos hinaus. Und genau dieser Missklang hallt dann in deinem Leben wider.

Der einzige Schlüssel dazu ist liebevolle Achtsamkeit ohne Urteil. Versuche herauszufinden, wo in dir die Quelle für diesen Missklang liegt. Hörst du deine eigene Stimme oder ist es eine der Stimmen aus der Vergangenheit? Kannst du in dein Zentrum zurückkehren, nachdem die Energie einer anderen Stimme dich aus dem Gleichgewicht gebracht hat?«

»Was soll ich tun, wenn ich die Stimme nicht identifizieren kann oder wenn ich nicht zurück zu meiner Mitte finde? Bin ich dann dazu verflucht, die Konsequenzen zu tragen?«

»Ich sehe keinen Fluch in deinem Leben. Trotzdem wirst du nicht immer in der Lage sein, den Ursprung deiner Emotionen und Gedanken zu erkennen. So kann beispielsweise eine Energieblockade, die aufgelöst wird, in dir heftige Gefühle auslösen. Oder ein Organ, das Giftstoffe produziert, bringt eine Reihe von Emotionen hervor. Doch all diese Dinge vergehen von selbst wieder. Aber auch wenn du gelernt hast, mit der Energie deiner Gedanken zu arbeiten, wirst du nicht fähig sein, deinen Gedankenstrom beliebig anzuhalten. Du kannst höchstens negative Gedankenformen in für dich und andere positive Energie umwandeln. Denk daran: Transformierte Energie verwandelt sich in Macht.

Es wird auch Momente geben, wo du ein Drama provozierst, um bestimmte Lektionen zu lernen. Wenn das geschieht, solltest du dich einfach daran erinnern, dass du eine Schauspielerin bist und eine Rolle spielst. Lern deine Lektion und leg dann das Kostüm wieder ab.

Dramatische Situationen können sich auch ergeben, wenn eine Erkenntnis in dir dämmert, du aber einen Anstoß brauchst, um sie ans Licht zu bringen. Auch diese Situation solltest du als Geschenk betrachten und zum Lernen nutzen. Denn je besser du deinen Schatten kennst, umso weniger macht er sich in deiner Psyche selbständig und spielt dir unerkannt seine Streiche.«

Ich sehe auf. Die Sterne werden langsam blasser und am Himmel macht das Schwarz dem zarten Blau des Morgens Platz.

»Kannst du mir noch ein Beispiel für diese Art von Drama nennen?« Ich setze mich auf und umfasse meine Knie mit den Armen.

»Deine erste Begegnung mit Etienne ist so ein Fall. Du warst dir nicht bewusst, dass du das Universum um wahre Liebe gebeten hattest, nicht wahr?«

»Nein, da hast du völlig Recht.«

»Außerdem warst du dir über eine deiner Überzeugungen nicht im Klaren, nämlich darüber, dass du glaubtest, Liebe nicht zu verdienen. Wenn du dir diesen Glaubenssatz nicht bewusst machst, dann riskierst du, dass er sich in deinem Leben manifestiert.«

»Damit willst du mir wohl sagen, dass ich noch ein wenig üben muss.«

»Ja. Ein bewusstes Leben erfordert eine Menge Praxis, mein Kind.«

Sogar der Ozean schweigt zu diesen Worten.

»Du hast mich daran erinnert, dass ich für dich immer als ›Mann im Mond‹ gesungen habe. Jetzt erlebe ich dich aber als weiblich. Was bist du nun eigentlich?«

»Ich bin beides – weiblich und männlich, da ich alles umfasse. Wie all die anderen Menschen siehst du, was du für deinen persönlichen Lernprozess brauchst. Einige Menschen auf der Erde nennen mich ›Väterchen Mond‹, für andere bin ich die ›Mondin‹. Ich bin beides. Ich offenbare mich so, wie ich gebraucht werde.«

»Tonantsin sagte mir, dass Männer und Frauen wieder in Kontakt mit ihren weiblichen Seiten kommen müssten. Das gilt wohl auch für mich?«

»Ja. Du musst die Spaltung zwischen dem Männlichen und Weiblichen in dir heilen. Das dynamisch Männliche in dir versucht ständig, das passiv Weibliche zu unterdrücken. Warum das so ist? Nun, deine immer stärker werdende weibliche Kraft jagt ihm Angst ein. Eine gute Partnerschaft könnte das verhindern.

Das Männliche in dir braucht die weibliche Seite, um Informationen zu empfangen. Und das Weibliche braucht die dynamisch-männliche Seite, um handeln zu können. In deiner Beziehung mit Etienne wirst du diese Entzweiung endgültig heilen.«

»Eine Spaltung dieser Größenordnung zu heilen verlangt wohl ziemlich viel Kreativität. Ich fühle mich aber häufig von meiner Kraft abgeschnitten oder – wie du sagen würdest – vom Ursprung meines Lichts.«

»Auch im Leben gibt es Ebbe und Flut. Wenn Ebbe herrscht, glaubst du nicht mehr an die Flut. Wenn sie aber kommt, fürchtest du dich vor der Ebbe. Daher ist es das Beste, einfach im Augenblick präsent zu sein. Veränderungen ergeben sich im Leben genug.

Übrigens nimmt dein schöpferisches Potential bei abnehmendem Mond zu. Wusstest du das?«

»Ich fürchte, ich habe mich nie nach den Mondphasen gerichtet.«

»Deine Vorfahren taten das.«

»Leider weiß ich nur wenig über meine Vorfahren. Sie haben mir ihre Gewohnheiten nicht weitergegeben.«

»Du wirst sehen, dass es sehr nützlich ist, wenn du dich mit deinen Ahnen beschäftigst. Verständnis für die Vergangenheit schärft nämlich den Blick für die Gegenwart. Und diese Energie kannst du dann auch in die Zukunft weitertragen. So lernst du, das Leben als etwas sich ständig Entwickelndes zu begreifen.

Deine Vorfahren besaßen Talente und Fähigkeiten, die du geerbt hast. Ehre sie, indem du versuchst, diese Informationen wieder zu finden. Sie sind Teil der Grundlage, die sie deinem Leben gegeben haben.«

»Man hat mir gesagt, dass du mich lehren würdest, die Rhythmen der Natur zu verstehen.« Ich bin mir nur zu bewusst, dass der Himmel immer heller wird und meine Zeit mit diesem großen Wesen sich ihrem Ende zuneigt.

»Ich werde dir mehr über die Rhythmen des Lebens beibringen, wenn du diese Aufgabe erfüllt hast: Gib dich meinen Zyk-

len hin und achte darauf, wie sich deine Energie und deine Stimmung im Lauf der Mondphasen verändern. Versuche herauszufinden, wie deine Rhythmen sich mit meinen verflechten. Beobachte, in welcher Beziehung die Wachstums- und Ruhephasen der Pflanzen und Tiere zum Mondzyklus stehen.

Und schließlich sollst du die Qualität der Jahreszeiten erforschen. Achte darauf, wie sich deine Energie im Laufe des Jahres verändert und ob dir in bestimmten ›Monden‹ mehr nach Rückzug oder mehr nach Gesellschaft ist.

Der Wind ändert sich mit den Jahreszeiten – ebenso die Temperatur, die Feuchtigkeit und der Geruch der Luft. Auch die Farben des Himmels wechseln und die Position der Sonne und des Mondes. Lerne dein Leben ohne Kalender zu führen. Achte auf die Elemente, die du sehen, fühlen, schmecken und hören kannst. Sie erzählen dir von den Jahreszeiten.

Die Menschen deiner Kultur leben ohne Verbindung zum Rhythmus der Erde und dies verursacht eine Menge Krankheiten. Ihr könnt die Natur nicht beherrschen, denn sie ist es, die euch beherrscht. Entspann dich also im rhythmischen Atmen der Erde. Nimm alles in dich auf und berichte mir dann, was du gelernt hast. So werde ich dir mehr erzählen.«

Die Lichtstrahlen, die mich umfangen hielten, ziehen sich in den Morgenhimmel zurück. Venus, der Morgenstern, erhebt sich und lässt sich neben dem Mond nieder.

Ich zeige dem Ozean und dem Mond meine Verehrung und sie geben mir diese Achtung zurück. Ich fühle, wie diese Energie unter meinen Rippen eintritt und ihren angestammten Platz in mir einnimmt. Der Mond steigt zu meiner Stirn auf und lässt sich über der Nasenwurzel zwischen meinen Augen nieder, der Ozean direkt in meinem Herzen. Sobald sie an ihrem Platz sind, schenken sie mir ihre Kraft.

»Darf ich mich zu dir setzen?«

Ich erkenne die Stimme und drehe mich herum: »Cassandra! Aber natürlich.«

»Du bist weit gereist, und jetzt ist es an der Zeit heimzukehren«, sagt sie, während sie sich neben mich setzt. »Bist du damit einverstanden?«

Ich blicke zu den beiden Himmelskörpern hinauf, die über dem Horizont schweben. »Ich bin bereit, aber gleichzeitig habe ich Angst. Ich habe so viel Information erhalten, die ich nun in mein Leben integrieren muss. Ich weiß, dass mir der Weg gezeigt wird, wenn ich mein Herz offen halte. Wahrscheinlich fürchte ich mich nur vor dem Neuen.«

»Furcht vor allem, was neu ist, ist normal. Sie macht dich demütig. Aber denk daran, dass das Leben ein Abenteuer ist – setz also die Segel und lass zu, dass ein Teil deiner Angst sich in Spannung umwandelt, denn das Unbekannte ist gleichzeitig auch aufregend.

Wie du bereits erfahren hast, werden viele sichtbare und unsichtbare Kräfte dir zu Hilfe eilen. Außerdem kannst du die Wesen, die du hier kennen gelernt hast, jederzeit wieder aufsuchen. Jedes wird dir auf seine Weise bei deinem Lernprozess behilflich sein.«

Cassandras Gegenwart tröstet mich. Da sie es war, die mich in die Anderswelt führte, erstaunt es mich nicht, dass sie auch jetzt, wo meine Reise zu Ende geht, mit mir kommt. Ich sehe ihr tief in die Augen. Sie sieht auf seltsame Weise vertraut aus. Plötzlich weiten sich meine Augen vor Erstaunen: Sie sieht aus wie ich selbst aussehen könnte – später einmal.

»Das ist richtig, C. Sogar die Energie deiner Zukunft ist hier, um dir zu helfen. Gehe nun in Frieden«, sagt sie und hilft mir aufzustehen.

Der Wind, der mich hierher gebracht hat, beginnt wieder zu wehen. Er wirbelt mein Haar und meine Kleidung durcheinander und verwandelt mich ganz in Sand. Vor mir tut sich ein Tunnel mit gedämpftem Licht auf. Sobald ich eintrete, wird mir mein Körper wiedergegeben. Ich steige durch den

Tunnel nach oben, bis ich zu einer nebelverhangenen Pforte komme.

Dort wartet Laotse auf mich. »Der Strom des Lebens wird dich ins Paradies führen, wenn du ihm treu bleibst«, flüstert er mir zu, während er sich nach vorn beugt und mich auf die Stirn küsst. Dann tritt er zur Seite und macht den Weg für meine Heimkehr frei.

Ich erwache, während irgendwo in der Ferne Sirenen erklingen. Der flackernde Schimmer von fluoreszierendem Licht umgibt mich. »O Gott«, denke ich. »Was für ein Willkommensgruß!«

Eine Krankenschwester kommt an mein Bett und sieht mich freundlich an. »Na, endlich wach? Während Ihrer Operation gab es ganz schönen Wirbel – ein Erdbeben erschütterte das ganze Krankenhaus und zerstörte einige medizinische Geräte. Sie haben zwei Wochen lang im Koma gelegen und sind nur hin und wieder aufgewacht. Jetzt scheint aber alles in Ordnung zu sein. Ich hole gleich den Chirurgen.«

Als sie sich umdreht, kehrt das Gefühl in meinen Körper zurück. Ich fühle mich steif und kraftlos. Die Schmerzen sind nicht so tragisch, aber diese Kraftlosigkeit … Stück für Stück kehrt meine Erinnerung zurück und verdrängt den Nebel, der mich einhüllt. Angst flackert in mir auf, als mir meine Lebensaufgabe wieder einfällt.

Die Tür geht auf, der Arzt tritt ein und wendet sich zuerst meinem Krankenblatt zu. Er sieht durch seine Brillengläser zu mir herüber und räuspert sich.

»Ich habe gute Neuigkeiten für Sie. Wir haben bei der Operation keinen Tumor gefunden. Manchmal passiert das, obwohl es dafür keine Erklärung gibt. Seien Sie einfach glücklich darüber.«

Voller Liebe denke ich an all die Wesen, die ich in der Anderswelt zurückgelassen habe, und sage: »Ja, das werde ich. Ich fühle mich richtig gesegnet, so dankbar bin ich für mein Leben.«

Meine Worte überraschen ihn etwas. Trotzdem wünscht er mir Glück und wendet sich zum Gehen. Als er die Tür öffnet, sehe ich im Türspalt Etienne.

Ein neues Abenteuer beginnt.

Lieber Leser,

während ich dieses Buch schrieb, haben mir die Geister, die mich führen, ihre unendliche Weisheit, Fürsorge und Liebe zuteil werden lassen, und ich habe sie dankbar empfangen. Die Technik, mit der ich mich an meine Schutzgeister wende, wird gewöhnlich als »Schamanische Reise« bezeichnet. Es handelt sich dabei um eine uralte Methode, mittels der wir Visionen erlangen können, die uns im Normalfall nur über Mythen und Träume erreichen. Die schamanische Reise wird vorwiegend eingesetzt, um spirituelles Wissen und Informationen zur Heilung von Krankheiten und anderen Störungen in unsere Welt zu holen.

Mit jedem Federstrich folgte ich der Anweisung, diese Reise als fiktionale Geschichte zu erzählen. Ich werde meiner Leidenschaft folgen, so lange sie andauert. Schon in Kürze werden weitere Abenteuer von C Alexandra erscheinen.

Von ganzem Herzen wünsche ich Ihnen alles Gute auf Ihrer Reise durch dieses Leben!

Sandra Ingerman

Weiterführende Informationen

Wenn Sie sich für Workshops zum Thema Schamanismus interessieren, kontaktieren Sie bitte:

The Foundation for Shamanic Studies
PO Box 1939, Mill Valley
California 94942
USA
Tel.: (001–415) 3 80 82 82
Fax: (001–415) 3 80 84 16

Die *Foundation for Shamanic Studies* ist eine gemeinnützige Organisation und hat sich der Bewahrung, Überlieferung und praktischen Anwendung schamanischen Wissens bei der Lösung der aktuellen Probleme unseres Erdballs verschrieben.

In den deutschsprachigen Ländern erhalten Sie Informationen bei:

Foundation for Shamanic Studies Europe

(für Österreich und Deutschland)
Paul und Roswitha Uccusic
Neuwaldeggerstr. 38/4/6
A–1170 Wien
Tel.: (0043–1) 4 80 17 53
Fax: (0043–1) 4 80 17 53

(für die Schweiz)
Dr. Carlo Zumstein
Kasernenstr. 3
CH–8180 Bülach
Tel.: (0041–1) 8 86 22 60
Fax: (0041–1) 8 86 22 64

Die Orakeldecks von Esther & Jerry Hicks zum Wünschen und Manifestieren

Wünschen und Bekommen-Orakel
60 Karten mit Anleitung
9,5 x 13,5 cm
€ [D+A] 19,95
ISBN: 978-3-7934-2113-9

Das Kartendeck zu den erfolgreichen Wunsch-Büchern

Das Abraham-Channeling-Orakel
60 Karten mit Anleitung
9,5 x 13,5 cm
€ [D+A] 19,95
ISBN: 978-3-7934-2129-0

Das Deck für die Anwendung von Abrahams Lehren bei praktischen Lebensfragen

Allegria

Das Gesetz der Anziehung

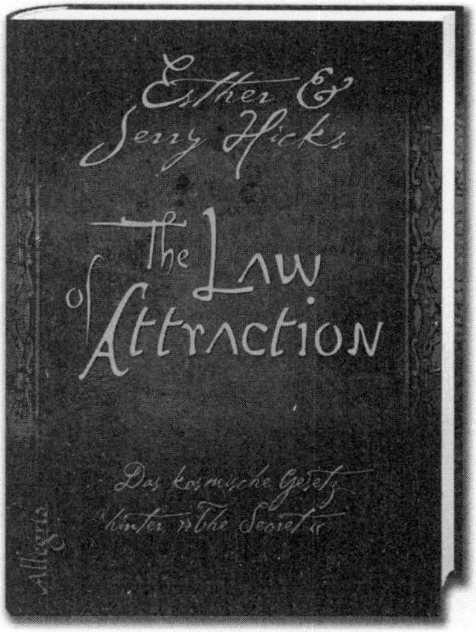

ESTHER & JERRY HICKS
The Law of Attraction
Gebunden, 256 Seiten
€ [D] 16,90
ISBN 978-3-7934-2124-5

»Die Bücher von Esther und Jerry Hicks enthalten sehr viele praktisch anwendbare Weisheiten, und was ich besonders schätze ist, dass sie die Wichtigkeit des Gefühls und eines offenen Herzens so klar darstellen.«

Bärbel Mohr

»Ich bete, dass überall jeder dieses Buch liest.«

Doreen Virtue

»Das ist es! Die anderen Bücher können Sie weglegen.

Neale Donald Walsch

Allegria

Das Buch, mit dem jeder sein Leben neu beginnen kann

DAVID SIMON
10 Entscheidungen für ein besseres Leben
Wie Sie glücklich hundert Jahre alt werden
224 Seiten
€ [D] 18,– / € [A] 18,50/ sFr 31,60
ISBN 978-3-7934-2063-7

Im Geiste östlicher und westlicher Weisheiten und Traditionen zeigt Dr. David Simon, wie wir die Veränderungen im Leben verwirklichen können, die wir wollen und brauchen, indem wir eigenverantwortliche Entscheidungen treffen, anstatt fremdbestimmte Gebote einzuhalten. Die meisten unter uns sind mit den Zehn Geboten aufgewachsen – und leider wenden wir häufig die Philosophie des »Du sollst nicht ...« an, um zu versuchen, uns und unser Leben zu verändern. Dr. Simon ermutigt dazu, dass wir die Kraft der eigenen Entscheidung kennenlernen und anwenden, um ein Leben zu gestalten, das von mehr Frieden, Vitalität, Liebe und Sinn erfüllt ist.